LA
POLITIQUE EXTÉRIEURE

DE LA
RÉPUBLIQUE FRANÇAISE

PAR

FERNAND MAURICE

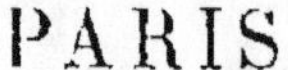

PARIS

LIBRAIRIE GERMER BAILLIÈRE ET Cie

108, BOULEVARD SAINT-GERMAIN, 108

1881

LA
POLITIQUE EXTÉRIEURE

DE LA

RÉPUBLIQUE FRANÇAISE

PARIS

TYPOGRAPHIE GEORGES CHAMEROT

19, rue des Saints-Pères, 19

LA
POLITIQUE EXTÉRIEURE

DE LA

RÉPUBLIQUE FRANÇAISE

PAR

FERNAND MAURICE

PARIS

LIBRAIRIE GERMER BAILLIÈRE ET Cⁱᵉ

108, BOULEVARD SAINT-GERMAIN, 108

—

1881

La politique extérieure de la France tenait dans les préoccupations de la Chambre de 1877 une place beaucoup trop restreinte. Des décisions graves ont pu être prises par le gouvernement, parfois sans l'assentiment des députés, presque toujours sans débats sérieux, approfondis. Une politique a été inaugurée de la sorte, personnelle pour ainsi dire aux hommes du pouvoir, mais que l'opinion publique a jugée à plusieurs reprises

1

plus aventureuse que raisonnée, peu compatible avec les intérêts de la France actuelle.

La Chambre de 1881 suivra-t-elle les errements des années précédentes, laissant à ses ministères toute latitude d'agir au gré de leur inspiration? Nous ne voulons rien préjuger. Mais si le principe de la sanction et du contrôle des affaires étrangères par les Chambres l'emportait, il n'est pas téméraire d'affirmer que ce serait là le point de départ d'une politique nouvelle.

Dans cette éventualité, bien que le public soit encore peu familiarisé avec les synthèses historiques et s'arrête de préférence aux menus incidents d'une histoire plus biographique que politique et sociale, nous avons essayé, en une esquisse rapide, de dégager des conditions du passé le caractère de l'action que la France démocratique pourrait exercer en Europe; — nous attachant moins à faire connaître notre sentiment particulier qu'à trouver dans l'histoire et dans une étude attentive de l'Europe moderne des indications générales, assez précises dans leurs grandes lignes, pour nous guider désormais sur le terrain, semé de précipices, des affaires extérieures.

Octobre 1881.

LA
POLITIQUE EXTÉRIEURE

DE LA RÉPUBLIQUE FRANÇAISE

CHAPITRE PREMIER

LA RÉPUBLIQUE ET LA POLITIQUE DES PARTIS

I

S'il est vrai que l'éducation d'un peuple ne peut se faire qu'au prix des plus douloureuses expériences, la France a été bien près de revoir, ces dernières années, ce que coûte une politique oublieuse des leçons du passé, contraire à la raison et à la logique irrésistible des faits. Si, à travers les vicissitudes de la question d'Orient, nous n'avons pas eu la guerre ; si les affaires de la Tunisie nous préservent de toute complication sur un autre terrain, nous en sommes redevables aux évènements bien plus qu'à notre diplomatie.

En septembre et octobre 1880, il a fallu que l'opinion publique, mise en éveil par le projet d'une mission militaire en Grèce, se révoltât en voyant nos cuirassés prendre la route de Dulcigno, pour que le gouvernement, revenu à une plus saine appréciation des sentiments du pays, se résignât à garder une stricte neutralité. Moins d'un an plus tard, ce même gouvernement, engagé dans une expédition en Tunisie, voit de nouveau s'élever contre sa politique l'opinion surexcitée par un parti pris évident de lancer la France dans des aventures à l'extérieur.

Un tel désaccord sur les conditions essentielles d'une politique, se manifestant à deux reprises différentes, entre un ministère issu

pourtant du suffrage universel et une majorité incontestable de citoyens, doit tenir à des
causes graves, que ne saurait expliquer la
passion des luttes ordinaires de l'opposition
et du pouvoir.

Des hommes d'État républicains s'avise-
raient-ils de compromettre le salut du pays,
malgré les avertissements de l'année 1870,
s'ils ne croyaient obéir à des obligations
gouvernementales de premier ordre? Le
peuple, de son côté, refuserait-il son concours,
s'il voyait la moindre nécessité à des conflits
au dehors?

Lequel a raison, du gouvernement qui
prend une part active aux affaires européennes et tente des conquêtes, ou du peuple
disposé à se renfermer dans une réserve
absolue? Voilà ce qu'il convient d'examiner.

A cet égard, l'agitation qui s'est produite

aux mois de septembre et octobre 1880, à l'annonce de l'envoi d'une mission militaire en Grèce et lors de la démonstration navale de Dulcigno, pour avoir été interprétée de diverses manières, n'a pas été appréciée à sa juste valeur. On y a trop cherché des arguments de parti.

Les adversaires de l'intervention de la France en Orient ont violemment attaqué ce qui leur paraissait une manœuvre ambitieuse de quelques hommes d'État, et les ont accusés de compromettre la sécurité du pays dans des vues personnelles. Les partisans d'une politique extérieure active, ne comprenant rien aux répugnances de la nation à s'engager dans une nouvelle aventure, l'ont blâmée de méconnaître les vrais intérêts de la France au dehors; ils lui ont reproché son peu de patriotisme, en déplorant que le souci des préoccupations matérielles et la prédominance du bien-être aient éteint dans le cœur du pays tout sentiment de grandeur, de gloire et de dignité. N'osant trop s'en prendre au peuple, — le peuple du suffrage universel ! — ils ont rappelé, avec force railleries, l'empressement de la bourgeoisie à applaudir jadis aux guerres de Crimée et d'Italie, tandis qu'elle se refuse maintenant à toute action diplomatique, parce que la nouvelle loi militaire l'expose directement, à la moindre complication. « Légèreté, ambition » d'une part, « campagne de la peur » de l'autre, telles sont au fond les aménités échangées dans la querelle.

De bonnes raisons, logiquement déduites de la situation actuelle de la France, soit en faveur du principe d'abstention, soit contre ce principe, il ne semble pas qu'on en ait beaucoup donné d'aucun côté. L'esprit de résistance à toute participation active de

la France dans les affaires d'Orient a fini par
l'emporter; il en est bien peu qui aient exactement compris à quel sentiment obéissait la
grande majorité des citoyens en se pronon-
çant pour une réserve absolue.

A prendre les polémiques du moment, il
est facile de voir que le débat public s'est
circonscrit entre des groupes politiques qui
ont envisagé uniquement le triomphe de
leur opinion, sans qu'aucun d'eux ait su
dégager l'intérêt national. Les monarchistes
ont demandé que l'on s'en tînt à la politique
de recueillement de MM. Thiers et Mac-
Mahon; des rancunes personnelles, l'espoir
de servir un jour leurs intérêts dynastiques
sur le Rhin ou à Rome les ont poussés à
dénigrer leurs adversaires, leur ont inspiré la
crainte de voir disposer pour une autre cause
des forces du pays. Les intransigeants, tout
en montrant plus de clairvoyance, se sont

surtout préoccupés de faire la lumière sur les agissements plus ou moins corrects des hommes au pouvoir. Ceux-ci ont défendu leur doctrine et justifié leur conduite avec des considérations générales, en parlant de la grandeur historique de la France et de son passé glorieux, en rappelant la politique « nationale » d'Henri IV et de Richelieu ; s'ils sont allés au congrès de Berlin et ont envoyé des cuirassés à Dulcigno, c'est que, à leur avis, la France, relevée, fortifiée, tranquille sur son avenir, devait sortir de son isolement et reprendre sa place dans le concert européen. Mais d'examiner si les conditions nouvelles amenées par la substitution de la république à la monarchie ne comportaient pas une autre manière d'agir, l'idée ne leur est pas venue. Ils ont jugé opportun de reparaître dans les conseils de l'Europe, et trouvé favorable l'occasion de se montrer habiles

diplomates; ils se sont remis à faire ce
qu'avaient fait les gouvernements précédents. Aux uns et aux autres le fond de la
question a échappé. Tous se sont mépris sur
la portée de l'émotion qui agitait le pays,
parce que tous, quoique avec des tendances
opposées, procèdent des mêmes principes,
obéissent à une même impulsion, veulent
aboutir au même résultat : l'établissement
d'un régime fondé sur leur sentiment particulier, sur un ensemble de doctrines conçues
en dehors de la réalité, que ce régime soit
une des formes de la monarchie, ou la république à ses différents degrés de liberté.

Et, de fait, l'erreur commise dans toute
cette affaire d'Orient a été précisément de
négliger le facteur principal de la politique
moderne, de compter sans le suffrage-uni-
versel. Le reproche tant de fois adressé
depuis 1870 aux monarchistes, de vouloir

se réserver la diplomatie, parce que, seuls, croient-ils, ils sont en état de l'inspirer, pourrait être retourné contre ceux qui, depuis 1878, ont dirigé, à l'extérieur, l'action de la France. Avec d'autres intentions, ils ont employé les mêmes procédés. Ils ont tenu également la politique extérieure pour affaire spéciale échappant à la compétence du peuple; ils ont cru à la nécessité d'en réserver la direction à quelques hommes éminents, seuls juges des résolutions à prendre, des négociations à entamer et à poursuivre, des solutions à donner à tel ou tel point en litige. Mais, circonstance plus grave, ils n'ont pas pris garde à la différence des temps. Plus familiers avec les traditions du passé qu'attentifs à observer le présent, leur tort a été de croire encore possible ce qui pouvait être accepté il y a dix ans.

Il n'y a pas plus de dix ans, en effet, le

peuple n'avait pas à s'occuper de politique
étrangère ; les questions de cette nature
restaient du domaine exclusif de quelques
privilégiés. Le peuple enrégimenté venait
apporter dans les batailles ce suprême argu-
ment qu'emploient les diplomates à bout de
raison ; on exaltait son patriotisme, son
amour de la gloire ; on scellait de son sang
des traités pour la plupart caducs ; mais on ne
lui devait et on ne lui donnait aucune expli-
cation. La dernière guerre a modifié du tout
au tout cette situation. L'avènement définitif de la République, en appelant le peuple
à se prononcer éventuellement sur l'action
que la France peut exercer à l'extérieur, a
renversé les rôles. D'instrument passif entre
les mains de la diplomatie, le peuple est
devenu le directeur de cette diplomatie. Le
changement à cet égard a été aussi radical
qu'il pouvait l'être ; il a rendu impossible

toute politique contraire aux intentions du pays, en réaction sur ses sentiments, en dehors du mouvement qui l'entraîne.

L'agitation de l'année dernière n'a pas témoigné autre chose.

On en a paru surpris. On s'est étonné de l'émotion que produisait, après coup, l'exécution de décisions prises avec l'assentiment des Chambres, alors surtout que l'envoi de nos plénipotentiaires au congrès de Berlin n'avaient rencontré, parmi la grande majorité des citoyens, qu'une indifférence générale. On n'a pas eu garde que, pour le peuple, les discussions subtiles autour des tapis verts sont lettre morte, et qu'il ne peut être sensible qu'aux résultats qui l'engagent. On a parlé un jour de guerre, de guerre possible, de guerre probable, et il s'est demandé à quelle intention, au profit de qui ou de quoi on pourrait encore lui prendre sa vie et son argent. Pendant des années, de 1870 à 1878, la presse a été unanime à blâmer la faute commise par le second Empire de s'ingérer dans les affaires de nos voisins. Les mauvaises dispositions de l'Europe à notre égard, au moment de nos plus grands désastres, ont été représentées sans relâche comme la punition de notre manie de vouloir régenter les autres, si bien que le silence sur les questions extérieures fut considéré comme le premier de nos devoirs et devint la báse de notre politique. Et tout d'un coup notre diplomatie sort de sa torpeur; elle s'agite, elle entreprend, met en mouvement la flotte, va jusqu'à risquer la vie de nos soldats et de nos marins. Comment veut-on que l'opinion publique, à qui l'on a prêché l'abstention, adopte ainsi, brusquement, une conduite opposée, alors qu'il ne s'agit en rien du salut du pays? Dans toute cause juste, le peuple suivra ceux qui feront appel à son énergie. Mais encore faudra-t-il le préparer, l'instruire, lui donner de bonnes raisons; il se dérobera si on tente de le surprendre par une politique dont le but lui échappe. Sauf une éventualité prévue, il se sent porté vers tout autre chose que des complications extérieures qui absorberont son temps, useront ses forces, paralyseront son essor. A défaut de compétence, un instinct secret, — cette intuition géniale de sa destinée vraie qui guide toute race, — l'avertit sûrement qu'on lui fait faire fausse route.

C'est cette pensée que traduisait, croyons-nous, l'agitation des mois de septembre·et octobre 1880, plutôt que tout autre sentiment auquel on cherchait des qualificatifs injustes ou téméraires. Sur ce terrain, nouveau pour la souveraineté nationale, d'une politique à conduire à l'extérieur, il y a eu de la surprise, de l'indécision, du malaise, mais rien de plus. Un point d'interrogation s'est posé, voilà tout :

La France, en République, a-t-elle intérêt à poursuivre en Europe la politique de sa monarchie ?

C'est ainsi, à notre avis, que le peuple aurait formulé sa pensée, si ces questions lui étaient de pratique familière, s'adressaient plus à son jugement qu'à son instinct. Car il est difficile d'admettre qu'une explosion du sentiment populaire aussi soudaine et aussi unanime ne se soit inspirée que de la peur, d'un honteux désir de vivre en paix quand même l'honneur aurait à en souffrir. Le suffrage universel peut se tromper évidemment; mais ses erreurs portent plutôt sur les réformes à conquérir que sur les résultats obtenus dans les luttes antérieures; et nous ne voyons pas en quoi cette manie de vouloir jouer en Europe un rôle considérable où nous n'avons que faire constitue un progrès. Il semble au contraire que cette politique a été jugée et condamnée comme une institution du passé. Que signifierait autrement la République?

II

Nous sommes en République : voilà ce qu'on paraît oublier avec ces retours au régime du bon vouloir, au milieu de cette confusion de programmes et de projets poussés, sans principes arrêtés, sur toutes sortes de questions dont la solution déroute parfois la logique de l'éducation publique. On ne se pénètre pas suffisamment de l'idée que la République comporte un état social, des mœurs, des aptitudes bien différentes des allures que la monarchie imprime à une nation. On paraît s'en soucier d'autant moins qu'on s'éloigne davantage de l'époque de luttes ardentes où, pour assurer le triomphe du régime républicain, on jetait au peuple plus que des promesses de réformes administratives, des promesses de rénovation politique et sociale. Il semble aujourd'hui, pourvu que l'ordre règne dans la rue et favorise les transactions, que la République n'ait plus d'autre mission à remplir. Et l'on conserve les traditions, les procédés, les tendances de la monarchie, sans se rendre compte que cette possibilité pour la République, simplement de s'installer et d'être acceptée, autorise la refonte de certains rouages, l'application de principes nouveaux.

Il se produit à cette heure un temps d'arrêt dans le mouvement qui, au lendemain de 1870, entraînait la nation vers une réforme ou, si l'on veut, vers une plus grande concordance entre le système et les procédés de gouvernement. Il ne serait pas difficile d'établir que, en politique, — aussi bien que sur le terrain social, scientifique et philosophique, — une sorte de timidité, une crainte vague d'aller trop loin tout d'un coup, ont succédé brusquement à l'ardeur et à l'enthousiasme des premiers jours. Cela ne va pas jusqu'à une réaction menaçante pour le régime républicain ; c'est plutôt dans les hautes sphères un désir de ne rien changer à des habitudes administratives, à des mœurs gouvernementales merveilleusement appropriées au maintien du peuple sous une tutelle encore jugée indispensable. Soit impuissance, soit ambition ou intérêts, on voit se perpétuer cette tendance à confondre l'exercice du pouvoir avec la souveraineté qui rend depuis si longtemps nos classes dirigeantes injustement méfiantes des aspirations populaires.

Nous n'avons pas à rechercher ici ce qui pourra résulter de cet ordre de choses. L'histoire montre trop clairement comment les peuples, dans leurs poussées en avant, s'entendent à sortir de l'ornière le trop fameux char de l'État que des mains inexpérimentées embourbent maladroitement. Il est certain que notre pays traverse en ces années une crise morale dont il serait puéril de méconnaître l'importance, sinon la gravité.

Déjà, par deux fois, au XVIe siècle et en 92, la France a dévié de ses voies naturelles. A ces deux époques, elle se trouvait dans une de ces périodes de transition où la conscience d'un pays se cherche pour s'affirmer, où le génie de la race, confus encore, perdu dans les limbes des premiers âges, fait effort pour se dégager ; à un de ces passages enfin, aussi fréquents dans la vie des peuples que dans la vie des individus, où la lutte s'établit entre les aspirations instinctives, les tendances innées, et les habitudes longuement façonnées par l'éducation première. Depuis la conquête de la Gaule par Rome, deux courants se heurtent au sein de la nation française, sans jamais se pénétrer, déterminant un antagonisme pour ainsi dire chronique entre l'esprit des institutions et le caractère national. Le génie gaulois a subi beaucoup trop tôt le joug du génie latin; du moins il a été asservi trop brusquement; pour son malheur, il s'est imprégné de la civilisation romaine avant d'avoir laissé prendre à l'originalité de la race assez d'avance pour ne tenir de l'étranger que des principes généraux et non des formules toutes faites. Aussi voyons-nous, durant le moyen âge, le génie de la nation livrer un long combat pour se faire jour à

travers l'amoncellement des doctrines et des
idées que l'esprit de Rome dégénéré dans le
catholicisme et la féodalité germanique
faisaient peser sur le pays. Aux XIIIe et XIVe
siècles la victoire semblait acquise, la con-
science du pays était en plein éveil. La
Renaissance, par un brusque retour aux traditions grecque et romaine, par une résurrec-
tion factice de l'antiquité, a arrêté net du XVe
au XVIe siècle cet essor du sentiment national
qu'on pouvait croire définitif. De même, en
92, la marche en avant de tout le corps social
a été subitement enrayée; le courant de la
Révolution détourné, le mouvement de ré-
formé transformé au profit d'un impérialisme
à coup sûr plus latin que français. « L'État »
a gardé ses privilèges d'omnipotence, il a
continué les traditions de l'ancienne Rome,
qui déclarait les droits du pouvoir supérieurs
à la souveraineté du peuple.

Il n'est pas téméraire d'affirmer que la situation actuelle de la France présente la plus complète analogie avec le spectacle déjà offert à ces deux grandes époques de notre histoire.

Le mot de « Révolution », appliqué au changement de régime amené par les évènements du 4 septembre 1870, ne l'a pas été arbitrairement. La nation a entendu ce jour-là renoncer définitivement à un système politiquè, tout autant que chasser une dynastie abhorrée. Et si, depuis dix ans, elle a opposé à toutes les tentatives de restauration monarchiste une barrière infranchissable, c'est qu'elle est irrévocablement décidée à refuser tout compromis avec des institutions qui ne répondent pas plus aux besoins du moment qu'elles ne peuvent résoudre les difficultés de l'avenir. La révolution du 4 septembre a voulu la République ; elle l'a voulue comme

moyen de fonder à tout jamais l'établissement du régime démocratique, tel que la nation l'entrevoit depuis les dix siècles qu'elle
en poursuit la réalisation avec une ténacité
que rien ne lassera. C'est bien une révolution
qui s'est accomplie avec toutes les conséquences qu'elle comporte.

Le mouvement aboutira-t-il?

Les chances de succès sont évidemment
plus grandes que par le passé. Une portion
plus considérable du peuple a reçu, avec une
instruction qui va sans cesse se généralisant,
des notions plus précises sur ses droits; la
conscience publique s'éveille de proche en
proche; l'exaltation du génie national gagne
rapidement; l'esprit de la Gaule monte des
couches profondes à la surface, et commence
à percer le lourd manteau des traditions
étrangères dont chaque jour emporte un lam-
beau. Malheureusement, l'absolutisme du

passé, les privilèges des milieux dirigeants,
le pouvoir fortement centralisé-qui enlace les
citoyens dans un réseau de lois restrictives,
ont encore de nombreux partisans dans ces
classes de la société qui continuent à s'attri-
buer la mission d'imprimer la vie au corps
social.

Pour le moment, ce sont ces derniers qui
semblent l'emporter dans cette lutte entre
les deux éléments constitutifs de notre nationalité. Il est vrai qu'il s'est fait à leur profit,
dans un groupe d'hommes politiques, un revirement aussi inattendu que difficile à com-
menter, si l'on ne tenait compte des habitudes
d'esprit que le silence de la vie publique sous
le second Empire a fait contracter aux uns,
aussi bien que de l'origine étrangère de certains autres. Sous le couvert des difficultés
inhérentes à la phase transitoire que nous
traversons, il s'est constitué un parti inter-

médiaire, à la fois libéral et conservateur, assez habile pour ne pas heurter de front les aspirations populaires qu'il flatte par des promesses, assez prudent pour ne pas s'aliéner le monde craintif, mais si puissant, de la fortune et des affaires qu'il rassure par des gages, cherchant à se faire accepter des deux camps par un mélange d'audace et de modération : réunion de Frondeurs ralliés à la cour que mène un Mazarin au service d'une république. Avec les meilleures intentions du monde, ce parti ne se doute pas du mal qu'il fait à la cause de la liberté; il a le pouvoir, et ne sait donner aucune des satisfactions que lui-même a réclamées, décourageant ainsi le bon vouloir des uns, surexcitant l'impatience des autres, servant de toutes façons les adversaires du régime qu'il croit défendre. Il laisse se ralentir dans le milieu intelligent du pays le grand mouvement qui nous entraîne tous depuis dix ans, au risque de le voir se précipiter avec violence là où la raison est impuissante à maîtriser les passions. Il y a là, non pour la sécurité de la République, mais pour le progrès des institutions démocratiques de notre pays, un réel danger. Si ce groupe politique, temporisateur de parti pris, réussit à s'affirmer au pouvoir, il faut s'attendre à ne voir apporter nulle modification à un système gouvernemental dont s'accommodent volontiers les peureux et les impuissants.

Nous ne croyons donc pas exagérer en avançant que la France est encore une fois à un de ces détours de l'histoire qui font date dans la vie d'une nation. Au cours de ces années, la question se tranche pour elle de savoir si elle continuera à subir, pour une période indéterminée, tous les inconvénients d'une situation fausse, dont elle ne sortira qu'au prix d'une révolution, ou si elle entrera

résolument dans la voie d'une rénovation politique et sociale mûrement préparée et sa-
gement conduite.

III

Si le progrès des idées ne rencontrait de
résistance que sur le terrain de la politique
intérieure, on pourrait, à la rigueur, prendre
le mal en patience ; certain de voir tôt ou tard
la vérité triompher, on attendrait du temps
la solution des questions, même les plus
simples ; circonscrite de la sorte, la lutte, en
se prolongeant, n'aurait d'autre inconvénient
que d'entretenir une agitation, après tout
peu compromettante pour le salut du pays.

Malheureusement, les partis qui détiennent
le pouvoir et gouvernent avec leurs préjugés,

entendent au même degré diriger à leur convenance la politique extérieure; et là, le danger est immense.

Si l'avenir de nos institutions démocratiques risque d'être compromis par cela seul
qu'on commet dans la politique intérieure de
grosses erreurs d'appréciation et de conduite,
que ne doit-on pas attendre de la fausse direction imprimée depuis trois ans à notre
politique extérieure? Les principes qui devraient diriger nos affaires intérieures sont
nettement arrêtés, et ne présentent, quant au
but à atteindre, aucune ambiguïté; nous
voyons cependant avec quel mauvais vouloir
on laisse persister le désaccord entre nos institutions et l'esprit du nouveau régime. Dès
lors, quelles fautes désastreuses n'a-t-on pas
le loisir de commettre sur ce terrain de la politique étrangère que ne détermine aucune
idée générale, où les préjugés tiennent lieu

de règle précise, où l'inspiration l'emporte sur le raisonnement, où le bon sens et la logique se heurtent à des calculs impénétrables et à des combinaisons déloyales, et où règne en maîtresse l'initiative privilégiée de quelques hommes d'État? Dans la situation respective de la France et de l'Europe, le danger que créent à notre pays ces conditions auxquelles notre politique extérieure reste soumise, est de tous les instants ; il est trop considérable pour qu'on ne se hâte pas de l'atténuer, en fixant, dans leurs grandes lignes, les principes généraux de notre action extérieure.

L'opinion publique aura beau s'inquiéter à certaines heures, émettre des doutes sur la nécessité d'ouvrir une question, regimber lorsqu'on cherchera à l'engager, nous savons par expérience avec quelle facilité on peut faire naître des complications en une matière aussi délicate. Ne venons-nous pas d'assister, à propos des affaires de la Tunisie, à une de ces comédies que les diplomates excellent à mettre en scène pour duper la conscience nationale? Il n'est même pas admissible qu'on puisse entraîner l'opinion en excitant son orgueil ou son amour-propre, si des intérêts essentiels ne sont pas en jeu.

Jusqu'à présent, les fantaisies de la diplomatie ont été couvertes par un préjugé, que les intéressés ont su défendre à force de sophismes, mais qu'il importe de réduire à néant tout d'abord. Il s'agit de repousser une fois pour toutes cette prétention des classes dirigeantes à se réserver les affaires étrangères, ce qui équivaut, en réalité, à jeter les bases d'une nouvelle politique extérieure.

Les partisans d'une politique soustraite, sinon à tout contrôle, du moins à un contrôle immédiat, font valoir, pour sauvegarder l'indépendance de leur initiative, que le suffrage

universel, excellent pour réprimer les abus
du pouvoir personnel, est un obstacle, par la
mobilité de ses impressions, à toute politique
à longues vues. La diplomatie, disent-ils,
ne vit pas au jour le jour ; aux soucis du présent doivent se joindre pour elle les préoccupations de l'avenir, et elle doit, au besoin,
savoir sacrifier de petits avantages immédiats
à de plus grands résultats futurs. De là, l'o-
bligation de combiner certains éléments, de
ménager ou de brusquer, suivant les circonstances, les susceptibilités, les rivalités, les
contradictions d'intérêt. Pour y arriver, il
faut une souplesse, une habileté, des manières, des loisirs que le talent ne possède
pas toujours, mais que l'éducation et la fortune ne manquent pas de procurer ; et surtout
un désintéressement d'esprit, une constance
dans les desseins, une persévérance dans la
conduite, une unité dans les conceptions,

difficiles à concilier avec les variations de la politique intérieure, avec le peu de durée du mandat confié par le suffrage universel à ses représentants. Laisser le peuple intervenir, — soit directement, soit par l'intermédiaire de ses députés, ce qui revient au même, — dans les affaires extérieures, et peser capricieusement sur les décisions de la diplomatie, c'est compromettre et ruiner à bref délai les intérêts de la France au dehors ; c'est inaugurer le règne de la paix à tout prix, que la démocratie, plus soucieuse de la sécurité de son travail que de la grandeur politique du pays, est portée à rechercher de préférence.

Cette théorie, les monarchistes au pouvoir dans ces dernières années l'ont affirmée hautement ; ils ont cherché à la faire accepter en poussant le maréchal de Mac-Mahon à émettre la prétention de garder le département des

Affaires étrangères à l'abri des changements
ministériels. On l'affiche moins aujourd'hui ;
mais elle reste l'inspiratrice et le guide de nos
hommes d'État dont elle flatte la manie de souveraineté et l'envie démesurée de jouer un
rôle en Europe. On ne dit pas de cette théorie
qu'elle est fausse, mais seulement qu'il y a
danger à en laisser l'application aux adversaires de la République, et on espère la con-
tinuer dans ses errements, en se faisant
donner par le suffrage universel un vote de
confiance et un blanc-seing d'agir soi-disant
au mieux des intérêts du pays.

Pour justifier cette manière de voir, — qui
n'est en somme que le commentaire le plus
complet et le plus caractéristique de la monarchie, — quelles raisons invoque-t-on ?
Précisément les raisons qui déterminaient
jadis la conduite d'Henri IV, de Richelieu ou
de Colbert. On dit qu'un pays comme la

France qui a une longue histoire, des traditions glorieuses, une industrie florissante,
un commerce étendu, de riches colonies,
possède par cela même à l'étranger des intérêts d'une importance considérable, mais
toujours identiques quelle que soit la forme
du gouvernement, à quelque époque qu'il
faille en prendre la défense. Or les ministres
de la monarchie, soucieux de l'honneur et de
la grandeur de leur pays, ont fondé une politique de principes à hautes vues, permanente, historique, qu'on ne saurait aban-
donner si l'on veut sauvegarder les intérêts
nationaux et maintenir à la France la part
de prépondérance qui lui revient dans les
affaires du monde.

Il n'y aurait pas à contredire, si l'on ne
faisait confusion entre les intérêts matériels
du pays au dehors, et le rôle actif qu'on lui
assigne dans la politique internationale.

Autre chose est de faire rendre justice à des compatriotes lésés dans leur droit, d'ouvrir au commerce des débouchés nouveaux, et de peser sur les affaires européennes sans but déterminé, pour la vaine gloriole d'une influence souvent illusoire. Oui, les grands hommes d'État de la monarchie protégeaient leurs sujets établis à l'étranger ; ils le faisaient même avec une vigueur que nous aurions voulu voir à notre ministère des Affaires étrangères à des dates récentes ; oui, ils édictaient pour l'extension de notre commerce, de notre marine, pour le développement de nos colonies, des règlements admirables dont nos ministères du Commerce et des Affaires étrangères feraient bien de s'inspirer. Mais leur politique, proprement dite, la conduite qu'ils observaient dans leurs rapports avec les autres nations, n'a rien à voir avec les principes qui doivent nous inspirer et nous gouverner.

Monarchie, — République, sont deux termes différents, correspondant chacun à une phase bien distincte de l'histoire de notre pays.

Le rôle de la monarchie a été de faire l'unité française, territoire et nation. Commencée avec les Capétiens, l'œuvre s'est achevée sous Louis XIV. Mais elle n'a pu s'accomplir qu'au prix des plus dures épreuves, en surmontant des obstacles de toute nature; le plus considérable, celui qui a coûté à notre race une dépense effroyable d'efforts, a été le tourbillonnement des peuples se poussant d'Orient en Occident, du Nord au Sud, cherchant des établissements à la convenance de leurs appétits, — formidable remous de peuplades barbares qui, avec le temps, a été s'affaiblissant, et dont la question d'Orient n'est que le dernier sillage, tout à l'heure effacé.

Toute l'histoire de l'Europe centrale est là; cette histoire explique la politique extérieure de notre monarchie.

Puisque ceux qui souhaitent de gouverner au nom de la République, envisagent à ce point de vue des intérêts du passé la conduite des affaires étrangères, examinons dans quelle mesure leur programme répond aux besoins et aux aspirations de notre époque! Aussi bien, pour comprendre ce qui se passe actuellement en Europe, pour entrevoir ce que prépare l'avenir, pour savoir ce qu'il reste à faire à notre pays, est-il nécessaire de nous arrêter quelque peu sur cette formation des États européens. Les questions qui agitent le monde au temps où nous sommes ont une origine aussi lointaine.

CHAPITRE DEUXIÈME

FORMATION DES ÉTATS EUROPÉENS

I

Il faut même remonter un peu plus haut, au moment où le sol de l'Europe n'est encore occupé que par ces tribus qui, n'ayant rien laissé à l'histoire, appartiennent à la science. Mais en Asie des nations se sont formées, créant la civilisation, et qui, ne pouvant plus se mouvoir sur des territoires trop peuplés, vont déborder sur l'Occident.

Un premier groupe descend vers l'Attique, le Péloponèse, l'Archipel. Le peuple grec existe. Il laissera en héritage aux siècles suivants le sentiment de l'éternelle beauté; une philosophie qui complètera le christianisme et lui donnera l'essor; mais aucune force politique. Pas plus aux temps homériques que de nos jours, les Grecs n'ont su se dégager de cette première forme de gouvernement représentée par la tribu, le clan ou la cité, pour s'élever à l'unité de pouvoir. Le roi étranger, qui leur donne aujourd'hui une apparence d'union, vienne à manquer, l'esprit de particularisme qui anime la moindre bourgade grecque rendra bien difficile un gouvernement national, monarchiste ou démocratique.

Le deuxième flot de l'invasion asiatique, — deuxième au point de vue historique, — s'est porté sur l'Italie. Des différentes peuplades qui s'éparpillent dans la péninsule, il en surgit une qui dominera les autres et les groupera sous son pouvoir, puis ira rayonnant sur le monde, l'organisant à son image. La religion, la littérature, les beaux-arts, la civilisation de Rome ne se développeront qu'au contact des Grecs. Mais Rome tirera de son fond le « droit » ; elle fera de l' « État » une entité puissante et redoutable devant lequel tout devra plier ; elle en exagèrera tellement la puissance qu'elle en arrivera à le diviniser ; l'empereur, forme vivante de l'État, sera Dieu.

De la Méditerranée au delà de la Seine, des Alpes à l'Océan, les Romains, en se répandant sur le monde, ont rencontré un groupe de populations, venues des pays de l'Est à des époques successives, les Celtes d'abord, les Gaulois ensuite, formant dans leur généralité une race assez homogène comme les Grecs, mais comme eux partagée en cités toujours en guerre. Quand l'empire romain à son déclin ne pourra plus guider la civilisation, la Gaule, disciplinée, organisée par la rude main de Rome, prendra sa

place. Elle poursuivra le développement intellectuel, moral et politique de l'humanité,
en unissant le génie de Rome à celui de la
Grèce. Comme cette dernière, elle manquera de force d'expansion ; mais elle gardera,
comme elle, le sentiment vivifiant de sa nationalité ; elle aura de plus cette conception
vigoureuse de l'État que Rome lui a incul-
quée, que le christianisme hiérarchisé par
les Césars lui a infusée à nouveau.

L'empire romain n'est plus ; la Gaule est
constituée. La civilisation venue des bords de
l'Euphrate à l'Océan atlantique par l'Afrique,
l'Egypte, la Méditerranée, va retourner vers
son point de départ, les steppes aryens, où
elle accomplit aujourd'hui sa dernière étape,
— gigantesque ellipse dont Athènes-Rome,
Paris-Londres semblent les deux foyers.
L'Océan est la barrière infranchissable qui
oblige le courant à rebrousser chemin, en

l'infléchissant vers le centre de l'Europe. Et comme la civilisation apporte aux peuples qu'elle domine, tout à la fois la force d'impulsion et la force de résistance, les nations vont s'organiser de l'Ouest à l'Est en s'implantant solidement sur les territoires que leur donnera le droit de conquête, les plus barbares subissant d'abord le joug des plus policées. Les Gaulois acculés à la mer se fortifient les premiers. Ils ne se laisseront pas entamer quand les Germains se présenteront. Tout au contraire, l'avant-garde germanique, les tribus franques se disciplineront et reporteront leur énergie sur les hordes qui les pressent en arrière. Le plus illustre des Francs, Charlemagne, laissera l'Allemagne courbée, obéissante jusqu'à l'Elbe et la Saale ; les margraves allemands coloniseront à leur tour les Slaves jusqu'au delà de la Vistule. Mais cette poussée formidable qui se fait pendant le moyen âge en sens inverse des invasions de l'antiquité ne s'opèrera pas progressivement, d'un mouvement régulier, uniforme ; plus d'un retour offensif vers l'Ouest rejettera l'Europe sur la France. Les incursions des Magyars et des Turcs cherchant à s'établir en Europe détermineront plus d'un de ces reculs, dont notre pays ressentira chaque fois le contre-coup. L'ambition des princes germains qui rêvent de la couronne impériale et vont, dans les premiers siècles, demander au pape, héritier des Césars, de jeter sur leurs épaules la pourpre de l'Imperator, obligeront plus d'une fois les Français à lutter pour que leur pays ne devienne pas une province germanique, comme la Gaule était une province romaine. Les courants d'émigration qui portent les hommes du Nord à descendre vers le Midi créeront enfin à la France le plus

terrible embarras qu'enregistre son histoire; pendant des siècles, sans relâche, elle
devra contenir et refouler les Anglais —
North-Men — pour sauver sa nationalité.
Il n'est pas jusqu'aux Espagnols qui ne
viendront épuiser sur notre sol la force
d'expansion dont les Arabes ont doué leur
race.

La configuration de l'Europe centrale est
la cause unique de cette instabilité des peuples germains et slaves. La nature a merveilleusement préparé la contrée qui est
aujourd'hui la France. Dans ce berceau naturel, formé par cette ceinture de mers et
de montagnes, il était impossible qu'une nation ne fût pas. Tôt ou tard, sans Rome, un
groupement se serait opéré; un peuple serait
né, qui aurait grandi suivant ses lois propres.
Du Rhin et des Alpes aux steppes asiatiques,
rien de semblable n'existe. Dans ces im-

menses plaines sans relief, aucun obstacle
physique ne trace de démarcation entre des
groupes de race différente, ne peut arrêter
les invasions. Si, de loin en loin, la moindre
barrière avait pu contenir chaque nation dans
des limites naturelles, l'Europe serait paci-
fiée depuis longtemps et la civilisation plus
avancée. L'hégémonie allemande se serait
constituée dans de tout autres conditions. Les
Slaves, peuplades agricoles et pastorales,
plus portées à vivre en tribus qu'à se grouper en royaume, se seraient développés sans
secousse dans ces contrées, où les Huns, les
Germains, les Hongrois, les Turcs et les Mongols, peuplades belliqueuses mais discipli-
nées sous un chef commun, sont venus les
asservir, contrariant, paralysant leur évolution. Des gouvernements nationaux auraient
surgi, comme en France, du sein de chaque
nationalité, les menant dix siècles plus tôt

où la destinée de leur race exige qu'elles parviennent; tandis que, partout, le hasard des combats, la lutte pour la possession de territoires mal définis, ont donné la prépondérance à des chefs amoureux de la conquête, étrangers aux peuples que le sort des armes rangeaient sous leur bannière et qu'ils ne comptaient pour rien. Jusqu'à nos jours, l'Europe centrale a été déchirée par les dissensions de ses princes : Dynasties des Carlovingiens, de Franconie, de Saxe, de Hohenstauffen, de Habsbourg, de Luxembourg et de Bavière, d'Autriche, d'Autriche-Lorraine se sont succédé sans autre raison d'être que le droit du plus fort, poursuivant le rétablissement chimérique de l'empire romain, courbant sous leur joug les peuples les plus divers : Germains, Slaves, Hongrois, Suisses, Hollandais, Espagnols et Italiens, que rois, margraves, électeurs, chefs d'États secondaires, exploitaient et opprimaient déjà de première main.

La civilisation heureusement se charge de grouper les peuples que des barrières naturelles ne peuvent contenir. Ce qui s'était produit après Charlemagne pour les Allemands, devait se représenter chez les Slaves le jour où les champions du germanisme auraient émancipé de la barbarie les peuplades païennes du Nord et de l'Est. Au xv⁰ siècle, les Allemands ont poussé leurs colonies jusque dans les provinces baltiques, en Livonie, après avoir conquis la Poméranie et la Prusse proprement dite. Là va s'arrêter pour jamais leur domination et leur mission civilisatrice. La Pologne et le Danemark, devenus chrétiens et organisés politiquement, prétendent à leur tour à l'occupation des pays d'entre l'Oder et la Vistule, les Scandinaves établis aux embouchures des fleuves cherchant à remonter dans la plaine, les Polonais essayant de descendre les fleuves pour gagner la mer. Ce sont les derniers qui triomphent dans cette lutte pour l'existence. Le royaume de Pologne, grandissant tout à coup avec le premier prince de la dynastie des Jagellons, rejette les Allemands en deçà de l'Oder. Les Hohenzollern reporteront bien les frontières de la Prusse, sur les ruines de la Pologne, au delà de la Vistule ; mais ils ne pourront aller plus loin. L'avant-garde germanique, installée en Livonie, ne continuera pas l'œuvre commencée. C'est aux Slaves qu'il appartiendra désormais de développer la civilisation dans les pays qu'ils habitent ; et nous assistons aujourd'hui aux efforts qu'ils font pour en étendre les bienfaits jusqu'à l'extrême limite de leur influence, par delà les steppes de leurs provinces asiatiques, — dans ces contrées où le savant suit pas à pas le soldat pour retrouver les premiers vestiges des races dont nous sommes descendus.

II

Le relief du sol et la résistance des groupes voisins déterminent la concentration des races sur les territoires que leur ont assignés les circonstances primitives; mais il faut, pour les fixer au sol et les accoutumer à une vie sédentaire, que la civilisation assouplisse et discipline les peuples. La formation des États européens a donc été sous la dépendance de la civilisation; elle a dû nécessairement en suivre les progrès, comme elle a pu être hâtée dans une région, ralentie dans une autre, selon la configuration physique de la région.

Il n'y a pas de doute que la France et l'Angleterre ne doivent l'état avancé de leurs institutions sociales et politiques à cette double condition d'une situation géographique favorable et d'une priorité acquise dans leur organisation.

Les Gaulois ont été façonnés les premiers à une vie moins barbare; déjà, quand Charlemagne franchit le Rhin, ils sont bien supérieurs aux Germains; aussi seront-ils toujours politiquement en progrès sur les Allemands, comme ceux-ci seront, à leur tour, pour les mêmes raisons, plus tôt organisés que les Slaves : — la même distance sépare aujourd'hui encore ces trois groupes de populations. Les Français arriveront très vite à constituer leur unité; de bonne heure, la féodalité disparaîtra chez eux au profit d'une dynastie unique et vraiment nationale sortie des entrailles du pays; avant tous les autres peuples de l'Europe, ils élimineront la monarchie qui, dès Louis XIV, a achevé son œuvre, et proclameront l'avènement de la démocratie.

Il en est de même des Anglais; après avoir reçu les éléments de la civilisation que les Normands de Guillaume — leurs frères d'origine — ont puisés au contact des Français, et tenté, pendant plusieurs siècles, la conquête de la France, poussés par cette accumulation d'énergie qui est au fond de leur race, ils se cantonnent définitivement dans leurs îles, où, à l'abri des bouleversements qui déchirent l'Europe, ils travaillent en paix à conquérir leurs libertés, et à créer une grande industrie et un commerce sans rival au monde.

Par contre, c'est à peine si de nos jours l'Allemagne arrive à cette unité et à cette centralisation de pouvoir qui paraît devoir précéder, dans les grands États, le règne de la liberté. Ce qui était œuvre parachevée en France dès 1700, se réalise seulement maintenant chez nos voisins d'outre-Rhin.

C'est bien la configuration de l'Europe centrale et la fausse direction imprimée dès le début à leur politique par les empereurs germaniques, qui sont les causes de ce retard vraiment considérable de l'Allemagne à se mettre au niveau des deux autres grandes puissances occidentales. La première de ces deux causes a amené la confusion des intérêts de l'Allemagne avec ceux de l'Autriche ; la seconde a rendu impossible toute dynastie nationale. L'Allemagne et l'Autriche souffrent encore aujourd'hui de cet état de choses qui, du reste, approche du dénoûment.

La race allemande, dont la ligne de migration confine aux rivages de la Baltique, a coulé, pour ainsi dire, par le Danube, de Bavière en Autriche ; les masses compactes des Slaves et des Hongrois l'ont empêchée de s'étendre au delà de Vienne ; mais elle est restée dans la province d'Autriche, ce qui a permis aux empereurs germaniques de faire de cette province un duché et de le donner en fief à des princes allemands. Tant que la couronne impériale a appartenu aux maisons de Franconie ou de Souabe, l'Autriche n'a été qu'une dépendance, la vassale de l'empire, dont elle a partagé les vicissitudes. Mais qu'un de ses ducs montent sur le trône impérial, — ce qui arrive en 1438 avec Albert II de Habsbourg, — et c'en est fait pour longtemps des destinées naturelles de l'Allemagne. Dans ces siècles où la force est seule respectée, une maison n'est puissante que par l'extension de son domaine territorial. Or, à leur avènement, les Habsbourg sont peu fortunés ; l'empire ne leur confère qu'une autorité politique et morale sans avantages matériels directs. Quoi d'étonnant qu'ils fassent servir leur pouvoir à l'accroissement de leurs domaines ! Sur l'Allemagne, ils ne peuvent rien. Mais aux portes de Vienne, la Croatie, la Hongrie, plus loin la Pologne, tentent leurs convoitises, sont des proies à saisir. Pendant les quatre siècles de leur règne, sous le couvert du saint-empire-romain germanique, les ducs d'Autriche étendent leurs possessions, soumettent à leur domination les peuples voisins. En 1806, lorsque la nécessité oblige Joseph II à renoncer au titre, plus nominal que réel, d'empereur d'Allemagne, il reste à la maison de Habsbourg, transformée en maison de Lorraine, de son passage sur le trône allemand, assez de territoires pour la consoler de la privation d'un poste honorifique ; elle réunit ses biens sous la dénomination d'empire d'Autriche, sans

rien perdre en puissance, fortune ni autorité.

Ce qui a réussi aux descendants d'Albert II
n'a pas profité à l'Allemagne. Déjà, avant ce
prince, les empereurs germaniques ont causé
le plus grand mal à leur pays par leurs querelles incessantes avec la papauté. Cette idée,
qui les hante sans trêve ni repos, de refaire
l'empire romain à l'exemple de Charlemagne,
les jette dans des luttes interminables avec
les papes, qui, maîtres de Rome, ne permettent pas qu'on touche à l'héritage des
Césars. Pendant que la France travaille à
ruiner la féodalité et met un terme aux compétitions de ses princes qui tendent à la morceler, l'Allemagne reste partagée en une
foule de principautés, et doit subir en plus
cette oppression tyrannique d'un empereur
que ne préoccupent nullement les intérêts
légitimes de la nation ; cette division du pays

n'a même rien de stable : margraviats, duchés, électorats, évêchés se font et se défont,
sont remaniés au gré des caprices ou des conquêtes, gouvernés le plus souvent par des
familles étrangères au pays. Et c'est au moment où l'Allemagne, arrêtée définitivement
dans son expansion vers le midi, pourrait se
recueillir et se grouper, que les Habsbourg
viennent la détourner encore une fois de son
œuvre d'organisation intérieure pour l'entraîner à la conquête des Hongrois et des
Slaves, et dans les guerres que suscite le
rêve de monarchie universelle de Charles-
Quint.

Ce qui a amené le triomphe de la dynastie
d'Hugues-Capet, ce qui a fait sa grandeur et
lui a assuré le pouvoir jusqu'à la dernière
heure de la monarchie, c'est qu'elle est née de
la conscience du pays, en réaction sur les
dynasties tudesques des Mérovingiens et des

Carlovingiens ; la France a, pendant dix siècles, donné toute sa confiance aux Capétiens,
Valois et Bourbons parce qu'elle les a toujours vus, malgré de nombreuses erreurs,
poursuivre l'unification du pays. L'Allemagne a dû attendre jusqu'au xixe siècle pour
trouver une famille princière en mesure, par
sa situation et la nature de ses intérêts, de
coopérer chez elle à une œuvre identique.

On parle beaucoup, de l'autre côté du
Rhin, de la mission allemande des Hohenzollern. Les historiographes attitrés de la
maison de Prusse peuvent avoir d'excellentes
raisons pour exalter la gloire de l'empereur
Guillaume ; ces raisons n'ont rien à voir avec
la vérité. Les Hohenzollern se rencontrent
aujourd'hui dans leur marche ascendante
avec les aspirations unitaires du peuple allemand ; pour un temps, leurs intérêts se con-
fondent avec ceux de la nation ; mais, ni en

deçà ni au delà de ce point commun, leur fortune n'a eu et n'aura pour but d'accomplir les destinées de leur peuple.

La famille des Hohenzollern paraît dans l'histoire au xv° siècle. Un prince franconien de cette maison, le burgrave de Nuremberg, obtient de l'empereur Sigismond, en paiement d'une dette de 400,000 ducats, le margraviat de Brandebourg, quelques lieues carrées de sable, entre l'Elbe et l'Oder. C'est peu de chose, mais les Hohenzollern vont administrer leur acquisition avec une habileté qui sera récompensée à la longue. Par de petites guerres, par des mariages habiles, ils avancent, lentement, péniblement, mais avec suite, patients, prêts à saisir l'occasion dès qu'elle se présentera. Ils vivent vieux, ce qui leur vaut des héritages : les duchés rhénans de Clèves et de Juliers en 1609, le duché de Prusse en 1618. La guerre de

Trente-Ans, au cours de laquelle l'électeur de Brandebourg qui ne sait ni rester neutre, ni prendre parti, reçoit pourtant des coups de tout le monde, apporte également un accroissement de territoire. Dès lors le patrimoine des Hohenzollern s'étend en Allemagne d'Ouest en Est, du Rhin à la Prégel, mais coupé en tronçons ; réunir ces tronçons sera désormais la politique de la famille. En deux siècles, elle y parviendra ; pour achever son œuvre, elle contribuera à anéantir la Pologne qui gêne son extension à l'est, elle rejettera les Suédois à la mer pour atteindre les rivages de la Baltique. Le hasard a plus aidé les Hohenzollern que leurs talents politiques et militaires ; en revanche, ils ont su façonner supérieurement leurs acquisitions, héritages et conquêtes. La Prusse n'est pas une nation ; c'est un État, formé lentement de bribes et de morceaux ; en bons propriétaires qui veulent eux-mêmes gérer leurs terres et en connaître au premier coup d'œil le rendement exact, les Hohenzollern ont créé une administration méticuleuse, tracassière, mais savante, dressée à tout rapporter dans l'État à l'intérêt particulier du maître. Pas de science, pas de littérature, la religion que chacun désire, mais le service militaire et l'impôt payés par tous inflexiblement. Il y a une nationalité allemande, il n'y a pas de nationalité prussienne, mais il y a l'esprit prussien, cet esprit de hiérarchie bureaucratique et de caserne qui a fini par gagner l'Allemagne et étouffer les solides qualités dont était douée la nation. Plus habiles que les autres princes allemands qui gaspillaient leurs forces dans des querelles politiques et religieuses, les Hohenzollern se sont appliqués uniquement à faire leur fortune, méprisant les traditions historiques de leur pays, respectant aussi peu les droits des voisins. Dans cette plaine, où le sort l'avait fait s'établir, la famille ne pouvait exister et grandir qu'en tuant. C'est pourquoi la guerre a toujours été pour elle un métier qui l'a fait vivre, et qui, seule, peut la protéger contre ses ennemis.

Mais qu'on ne parle pas de mission allemande de la Prusse! Les nations ont en elles une force d'impulsion qui brise toutes les résistances, et leur destinée est soumise à des lois d'une rigueur absolue. C'est le hasard qui préside à la formation des États. Les vertus de leur maison, aidées par le hasard, ont valu aux Hohenzollern de tenir une grande place en Allemagne et de s'élever au-dessus de l'anarchie allemande; comme conséquence, il devait arriver une heure où leur puissance les porterait, adversaires obligés, en face de la maison d'Autriche. Hohen-

zollern et Habsbourg devaient se rencontrer
fatalement, heurter leur ambition, mettre aux
prises leurs convoitises; le terrain n'était
pas assez vaste pour les contenir tous deux,
pas plus que la nation allemande ne pouvait
supporter indéfiniment le joug de l'Autriche,
de plus en plus absorbée, depuis le commen-
cement de ce siècle, par le gouvernement
de ses nationalités hongroise, slave et ita-
lienne. La maison de Prusse ne pouvant
admettre la suprématie de la maison d'Autriche, l'Allemagne ne pouvant suivre celle-
ci à la remorque, les vues des Hohenzollern
et celles de l'Allemagne se trouvaient con-
corder; l'alliance était toute indiquée. Iéna,
Sadowa, Sedan, marquent des guerres dynastiques aussi bien que nationales; ces batailles
ont scellé le pacte tacitement convenu entre
le roi de Prusse et les Allemands.

Combien de temps ce pacte durera-t-il?

6.

Il n'est pas difficile de voir que les deux alliés
ne marchent déjà plus côte à côte. Les Allemands obéissent au mouvement qui entraîne
tous les peuples vers cet état de choses, où
Français et Anglais sont parvenus les premiers. Les Hohenzollern restent ce qu'ils
ont toujours été ; pour eux, l'Allemagne
remplace la Prusse ; en excellents administra-
teurs, ils se réjouissent de l'accroissement
de *leurs* impôts, c'est-à-dire de *leurs* revenus,
et sont satisfaits de l'augmentation de *leurs*
soldats, ce qui assure la rentrée des fonds
et facilite le fonctionnement des douanes ; ils
touchent de grosses indemnités de guerre,
et en enfouissen une forte partie en *mon-
naies* dans une citadelle, sorte de coffre-fort
à leur usage personnel, à la mode des gens
de campagne peu au fait de l'économie politique ; mais ils ne comprennent rien à l'éveil
de la conscience publique de leur pays. A

cette heure, l'analogie est complète entre la France de Louis XIV et l'empire allemand de Guillaume Ier; elle se poursuivra fatalement entre les évènements à venir dans les pays d'outre-Rhin et ceux accomplis chez nous au siècle dernier.

III

Si les Slaves n'ont reçu que fort tard la civilisation, leur situation aux confins de l'Europe a encore retardé l'essor de leurs institutions. Refoulés par les Germains d'un côté, attaqués par les Mongols, les Magyars, les Turcs, de l'autre, ils ont dû soutenir le choc mille fois répété des invasions; écrasés par le nombre, courbés sous le joug, ou luttant en désespérés pour sortir d'esclavage, ils

n'ont pu à aucun moment fonder de gouvernements nationaux de quelque durée.
Peuple essentiellement agricole, incapable
d'aller en politique au delà d'un régime com-
muniste, ils ont manqué de la force nécessaire pour secouer la domination étrangère ;
en revanche, rien n'a pu les arracher du sol
auquel ils tenaient comme une forêt dix fois
séculaire ; la passivité de leur caractère a
facilité leur conquête, comme elle a doublé
leur force de résistance au vainqueur.

Il est malheureux en cet état que ni la
Pologne, ni les Serbes et les Tchèques n'aient
réussi dans leurs essais de royautés indépen-
dantes. Sur les bords de la Vistule et du
Danube, les Slaves étaient dans d'excellentes
conditions pour donner un plein développement au génie de leur race ; tandis qu'en
Russie, les Scandinaves en imposant de
bonne heure la suprématie d'une caste nobi-

liairc, et les Mongols en laissant subsister
après eux l'autocratie des tzars, — deux sys-
tèmes contraires au tempérament égalitaire
de la nation, — devaient la maintenir pour
longtemps dans son infériorité originelle.

On croit expliquer la ruine de la Pologne
en accusant l'indiscipline sociale de ses habitants. Mais les Allemands et les Français ont-
ils été plus soumis et mieux ordonnés dans
la période de formation de leur unité ? Si
le royaume de Pologne, — tel qu'il avait pu
se constituer et qu'il existait lors du partage,
— a été conquis, dévasté, démembré, a
enrichi de ses dépouilles les monarques voisins, on peut en trouver une première raison
dans sa position géographique. Dans la bataille de la vie, la moindre supériorité, la
plus faible avance peut entraîner, pour qui
se laisse dépasser, des malheurs irrépa-
rables : la Pologne a été condamnée à mort

le jour où les Allemands, en s'implantant en
Silésie et en Poméranie, lui ont fermé le
chemin de la mer et de la montagne, et l'ont
reléguée dans la plaine, où l'avidité de l'Allemagne et de l'Autriche, la poussée des
Russes vers l'ouest, devaient fatalement
l'étouffer. Une autre cause, de plus haute
portée, a amené la chute des Slaves de Pologne. Théoriquement, les Polonais auraient
dû initier à leur tour leurs frères de Russie
à la civilisation ; le mouvement gagnant de
proche en proche, sans immixtion de l'étranger, un empire slave, de tendances uni-
formes, aux intérêts communs, se serait fondé
naturellement. En réalité, pendant que les
Polonais s'opposaient au débordement de la
colonisation germanique, deux courants
venus, l'un de Suède, l'autre de l'empire
grec, créaient, en arrière de la Pologne, un
grand État aux allures bien tranchées, grâce

surtout au voisinage de l'Asie et à ses traditions d'absolutisme exagéré. Un abîme séparait dès lors les Slaves de la Vistule et les tzars de Moscou. L'empire russe, par l'origine de sa caste gouvernementale ne pouvait consentir, ni à se laisser absorber politiquement par la Pologne, ni à devenir puissance plus asiatique qu'européenne ; les Polonais ne pouvaient davantage suspendre le mouvement qui les entraînait vers un groupement national indépendant. L'antagonisme était inévitable ; il n'était pas entre deux peuples frères, mais entre une nationalité en voie de formation et un État despotique jaloux de sa puissance, ambitieux de dominer, porté par ses instincts à prendre une large part dans le conflit des affaires européennes. Pour avoir jour sur l'Europe, les tzars devaient à tout prix anéantir la Pologne qui leur barrait le passage, et dont l'existence

était une perpétuelle menace pour leur pouvoir. De là, leur acharnement, la persistance
de leurs efforts, la cruauté de leurs procédés, leurs alliances avec les Hohenzollern
et les Habsbourg, aussi cupides, aussi intéressés à faire disparaître la malheureuse Pologne qui, moins occupée de ses ennemis
qu'à rassembler et à former les éléments de
son unité, ne songeait pas à apporter la
même ardeur, la même opiniâtreté dans une
bataille où l'enjeu à débattre ne lui paraissait pas avoir l'importance que lui assignaient
les Moscovites. Pour résister, il aurait fallu
aux Polonais une conscience plus nette du
danger qu'ils couraient ; ils auraient dû voir
que la destruction de leur royaume était la
condition première de l'existence de l'empire russe. La preuve, c'est que les tzars, dans
leur crainte de rester séparés de l'Europe,
dans leur impatience de se trouver en contact

direct avec les puissances occidentales, n'ont pas hésité à surexciter les convoitises des Hohenzollern et des Habsbourg et à partager avec eux une terre slave. Il était difficile que la Pologne vécût; ni sa position au centre d'une plaine, ni les compétitions de ses trois puissants voisins, n'étaient faites pour lui assurer une longue durée; les fautes de son gouvernement, l'inconsistance de ses habitants ont pu précipiter sa ruine, elles n'en sont pas la cause.

Les Slaves des provinces danubiennes n'ont pas été plus heureux que leurs frères des bords de la Vistule. Tchèques, Slovaques, Croates, Serbes, Bulgares ont subi, sans autre interruption que de vaines tentatives d'indépendance, la domination des Allemands d'Autriche, des Hongrois et des Turcs. Mais ce sont principalement les Hongrois qui ont bouleversé la race et changé le cours de ses destinées, en s'enfonçant, comme un coin au cœur de l'arbre, au sein des populations des Carpathes et du Danube, séparant l'armée slave en deux tronçons, suscitant entre eux et les vaincus une haine aveugle qui a facilité l'extension de la maison d'Autriche. Sans les Hongrois, les Slaves du sud auraient pu former un groupe compact, capable de résister aux empiètements des Habsbourg, assez fort pour ne pas se laisser entamer par les Turcs ; un État slave aurait pris naissance dans les plaines du Danube, avec infiniment plus de chance de vie que le royaume de Pologne, parce qu'il aurait pu se renfermer dans des frontières naturelles, — ces mêmes frontières qui ont assuré leur autonomie aux Hongrois. Au lieu de cette unité indispensable à leur liberté, les Slaves se sont vu scinder en petits peuples sans liens entre eux, sans force pour se prêter un mutuel appui lorsque l'un d'eux, Tchèque ou Serbe, cherchait à reconquérir son indépendance ; la faiblesse de leur organisation politique s'est accrue de cet émiettement de leurs populations ; pour des siècles ils ont été jetés à l'oppression de l'étranger.

Ce n'est pas en vain qu'on violente ainsi la nature. Le morcellement des Slaves nous a valu cette formidable puissance de la maison d'Autriche qui a si lourdement pesé sur l'Europe ; il a permis l'installation des Turcs en Grèce et dans la péninsule des Balkans ; il est la cause unique de cet éternel conflit qui, sous le nom de question d'Orient, met aux prises, depuis des siècles, les nations du sud, du centre et de l'est de l'Europe, —et qui n'est, en somme, qu'un temps d'arrêt dans la marche de la civilisation et la répartition des races.

IV

On voit, par cette rapide analyse, sans qu'il soit besoin d'entrer dans le détail des faits, combien l'histoire de l'Europe est simple dans ses grandes lignes et d'une ordonnance régulière. Un principe la domine, un courant unique en détermine les évènements. Du plus loin qu'on plonge dans le passé, on assiste à la formation de cette constitution politique de l'Europe dont nous pouvons aujourd'hui apprécier la force et prédire la durée. Il y a eu des oscillations, des temps d'arrêt, des retours en arrière ; mais, en définitive, le résultat poursuivi a été obtenu.

La concentration des peuples sur leurs territoires respectifs a même été accompli de très bonne. heure. Il suffit de jeter un coup d'œil sur la carte de l'Europe à trois époques différentes — au xi⁰ sièle, à la fin du xv⁰ et actuellement, — pour se convaincre que rien n'a été changé depuis dix siècles à l'ordre établi par une impulsion naturelle, suivant une loi d'arrangement que n'a jamais pu paralyser la compétition des intérêts particuliers des rois au plus fort de leurs ambitions dynastiques.

Cette constatation a son importance; elle réfute les prédictions pessimistes de ceux qui voient dans la supériorité temporaire d'une nation l'asservissement perpétuel de toutes les autres; elle démontre que, à s'en tenir au seul examen des faits contemporains, sans rechercher dans quel rapport ils sont avec le passé, on risque de se méprendre sur leur caractère véritable. Prises isolément, il est telles circonstances qui paraissent avoir

une portée incalculable ; ramenées à leur
place dans l'ordre naturel des choses, elles
n'ont pas plus de valeur que cent autres qui
devaient également bouleverser l'univers et
qui, en somme, n'ont eu qu'une action très
restreinte sur la logique des évènements.

Ainsi, il y a soixante ans, Napoléon Ier
menait l'Europe à la baguette ; aujourd'hui,
cette même Europe semble ne pouvoir
bouger sans l'assentiment de M. de Bismarck. Où est l'œuvre du premier? Qu'en
sera-t-il, dans dix ans, des intentions qu'on
prête au second? Napoléon Ier remaniait l'Europe au gré de ses caprices, taillait des départements français dans l'Italie, la Suisse,
la Belgique, la Hollande, donnait à ses frères
des royaumes en Espagne, en Italie, en Allemagne, parcourait l'Europe à la tête de ses
armées pour imposer sa volonté. Maintenant, M. de Bismarck ne peut seulement pas,

à l'aide de la plus petite guerre, satisfaire la
moindre de ses convoitises, supposées ou
réelles, sur l'Autriche ou la Russie ; il a arraché violemment une province à la France,
moins par les qualités ultra-guerrières de
son peuple que par les fautes de son adversaire, et il s'est immobilisé après sa victoire ; il n'a pu une seule fois, à la façon de
Napoléon Ier, porter chez ses voisins qui
l'inquiètent de ces coups rapides qui affai-
blissent les vaincus et laissent intacte la prépondérance du vainqueur. On ne nous menace pas moins à tout propos d'une invasion
germanique. Napoléon Ier a littéralement
occupé l'Europe avec ses soldats ; par lui,
l'invasion gauloise a été une tout autre réalité. Qu'en est-il resté ? La bataille finie,
chacun, ainsi que dans la chanson, est rentré
chez soi ; quelle qu'ait pu être la galanterie
de nos pères, nous ne voyons pas qu'ils aient

sensiblement altéré la pureté des races avec lesquelles ils se sont trouvés en contact. La proximité des évènements de 1870, le sentiment de notre infériorité militaire durant les années suivantes, nous ont poussés à exagérer la puissance des Allemands, à trop redouter cette force d'expansion qui, semblait-il, devait inonder l'Europe sous le flot des grenadiers poméraniens. Avec un peu plus de sang-froid, nous aurions pu voir dans l'histoire que le spectacle présenté par l'Allemagne n'a rien d'extraordinaire et qu'il s'est renouvelé fréquemment. Toutes les fois qu'un peuple déploie une grande énergie pour accomplir une œuvre quelconque de réorganisation ou de régénération sociale, il est rare, l'œuvre achevée, qu'il ne reste pas une certaine force à dépenser, qui se traduit la plupart du temps en aventures à peu près inutiles. Après la révolution de 89, Napoléon a pu mener la France à la conquête de l'Europe. De nos jours, après la constitution de leur unité, l'Allemagne et l'Italie ont offert les mêmes symptômes de surexcitation fiévreuse; toutes deux se sont agitées et ont cherché à reporter sur le dehors l'excès de leur vitalité, que n'absorbe pas le système économique insuffisamment développé de leur pays. Nos voisins d'outre-Rhin ont pas mal perdu de leur exubérance dans cette année 1870, où nous leur avons fait la part si belle; rien ne prouve qu'ils doivent à perpétuité tenter l'invasion de l'Europe et mettre obstacle au travail et à la production, — pas plus que les Italiens ne sont de taille, après l'effort que leur a coûté leur liberté, à courber sous le joug les nations voisines.

Unité ethnique et liberté politique, — tel est, en réalité, le sens du mouvement qui entraîne les peuples de l'Europe depuis leur

arrivée sur notre continent. Beaucoup ne
sont point encore parvenus à cet état avancé;
mais tous sont en voie d'y parvenir. Si on les
compare entre eux, non à une même époque,
mais à des moments semblables de leur évolution, on est frappé de l'analogie que présente chez tous la succession des évènements; on peut juger, dès lors, au chemin
parcouru par les uns, des progrès que ne
tarderont pas à faire les autres, la force des
choses qui les oblige tous à passer par des
phases identiques, devant les faire aboutir
au même résultat. Si bien qu'on peut diviser
la formation des États européens en deux
périodes :

L'une, qu'on pourrait appeler « période de
colonisation », pour définir le caractère de
groupement et d'installation qu'affectent les
luttes que les nations se livrent au début;

L'autre, qui serait dite « période poli-

tique », pour marquer la création et la transformation des institutions sociales que les
peuples se donnent lorsqu'ils n'ont plus à
défendre leur existence.

Il n'est pas un incident enregistré par l'histoire de l'une quelconque des nations européennes qui ne puisse trouver sa place dans
l'une ou l'autre période et en tirer son expli-
cation.

Durant la première période, nous consta-
tons chez tous les peuples les mêmes vio-
lents efforts pour se dépouiller de leurs
instincts de férocité et de barbarie, pour se
discipliner à une vie sédentaire et se can-
tonner de façon à développer librement leurs
facultés. Cette période peut comprendre ce
que nous avons dit de la marche de la civilisation, c'est-à-dire qu'elle embrasse les
quinze premiers siècles de notre histoire,
depuis les rencontres des Gaulois et des Ger-

mains avec Rome, jusqu'au jour où les Slaves reçoivent la mission de propager la civilisation. La fin du xve siècle répond, en effet, assez bien à l'idée d'un changement dans les allures • et les tendances des nations. A ce moment, le problème qui se posait à l'arrivée des hordes asiatiques sur notre continent est résolu : l'ordre s'est établi dans cette masse d'hommes faisant irruption pêle-mêle vers l'Océan ; l'Europe est partagée, à peu près comme aujourd'hui, entre un certain nombre de peuples, maîtres incontestés de territoires, dont une longue possession a déjà créé ces traditions et ces intérêts que traduit l'idée de patrie. On ne verra plus de ces grandes migrations qui jetaient les Maures sur l'Espagne, les Magyars sur l'Autriche, les Anglais sur la France, les Occidentaux sur l'Orient; les États sont fondés et leurs habitants travaillent à en consolider les assises; il y a tendance pour les nationalités à se grouper.

En somme l'Europe est constituée, il n'y a plus de place pour de nouveaux venus ; aussi, quand les Turcs déborderont sur l'empire grec et chercheront à pénétrer plus avant, trouveront-ils l'Europe entière debout pour leur barrer le passage ; ils devront se borner à camper des rives du Danube au Bosphore.

Au cours de la seconde période, les peuples, n'ayant plus à lutter pour l'existence, donnent à leurs institutions nationales toute l'extension que comporte leur génie particulier. De puissantes familles princières édifient leur fortune sur les ruines de la féodalité ; dans chaque État une monarchie unique groupe de plus en plus en un seul faisceau les intérêts de la nation ; malheureusement l'ambition des rois s'exalte avec l'excès de pouvoir, et c'est le moment des guerres de conquêtes menées par les souverains pour le seul plaisir d'étendre leur domination ; ce ne sont plus, comme autrefois, des peuples qui se ruent sur leurs voisins, conduits par des chefs militaires amoureux de la bataille et avides de pillage, mais des armées qui se battent pour qui les solde; les nobles, jadis compagnons des rois à la guerre, ne sont plus que des officiers occupant un rang dans un régiment. La diplomatie, née des convoitises des monarques, de leur jalousie, de leur méfiance réciproque, en arrive à régler les relations internationales, régnant en maîtresse dans les cours, forgeant par ses intrigues des alliances ou des mariages propres à assurer la prépondérance à telle ou telle famille royale. En un mot, l'organisation de l'Europe est plus savante, plus complexe, et nécessite, de la part de ceux qui gouvernent, beaucoup de tact et d'habileté ; la politique est devenue un art difficile.

Actuellement les peuples de l'Europe sont sortis de la « période de colonisation »; ils traversent les différentes phases qui constituent la «période politique ». Quelques nations, la France, l'Angleterre, ont même, plus ou moins, franchi cette seconde période pour entrer dans une troisième que nous appellerions volontiers « économique » ou « démocratique » ; c'est-à-dire que, renfermées désormais dans des frontières que ne peut guère étendre ou restreindre la conquête, en possession de leurs droits et se gouvernant elles-mêmes, de plus en plus absorbées par le développement de leurs forces productrices, elles se dégagent peu à peu des conditions que le passé leur a faites.

CHAPITRE TROISIÈME

LA POLITIQUE EXTÉRIEURE DE LA MONARCHIE: L'ÉQUILIBRE EUROPÉEN ET LES NATIONALITÉS

I

Le rôle de la monarchie, avons-nous dit, a été de faire l'unité française, territoire et nation : à travers quelles vicissitudes, ce que nous avons montré de l'histoire de l'Europe l'indique suffisamment.

La politique de nos rois s'est inspirée tout entière de ces difficultés à vaincre.

Les Anglais et la maison d'Autriche ont fait courir à la France deux des plus grands dangers qui l'aient jamais menacée. Mais contre les premiers le peuple s'armait et se battait, sans s'épuiser, avant ou après le combat, en de vaines négociations. Les incursions des Anglais avaient tout le caractère d'une émigration; elles continuaient les courses des pirates normands aux temps des Carlovingiens; aussi la guerre de Cent-Ans a-t-elle été une guerre d'affranchissement, une lutte pour l'existence, — où la diplomatie n'avait que faire, l'Europe étant trop troublée, les États trop morcelés pour qu'il fût possible de chercher des alliances, de coaliser des intérêts communs.

Tout autre a été la querelle des rois de France avec les princes de la maison d'Autriche. L'ambition des Habsbourg, leur essai de monarchie universelle inquiétait, menaçait l'Europe entière, et la France au premier rang. Car ce sera l'éternel honneur de notre pays d'avoir été l'obstacle constant à la domination exclusive d'un roi, d'une famille,

d'une nation sur les peuples de l'Europe.
Pour réaliser leur rêve, les ducs d'Autriche,
après avoir fixé dans leur descendance la
dignité impériale et réuni dans leurs mains
les forces de l'empire germanique, devaient
écraser la France. C'est contre elle, en
effet, qu'ils dirigent leurs premières tentatives. C'est pour l'enfermer dans un cercle
d'ennemis, que nous les voyons contracter
cette suite de mariages qui devaient réunir,
à un moment donné, sur la tête d'un seul
homme, les couronnes d'Autriche-Allemagne,
des Pays-Bas, d'Espagne et de Naples.

Il a fallu deux siècles aux hommes d'État
de l'ancienne France pour briser la puissance
de la maison d'Autriche et défaire l'empire
de Charles-Quint. Mais comment s'y sont-ils
pris?

Avant le xvie siècle, la diplomatie n'existait
pour ainsi dire pas. Suivant les besoins, par-

fois, des légats allaient négocier un mariage, traiter de questions ecclésiastiques, faire entendre des paroles de paix ou de guerre, puis revenaient à la cour de leur souverain. Mais point d'ambassadeurs résidant en pays étranger, point de règles internationales, aucune notion du droit des gens ou des États. La diplomatie moderne est née des luttes de la France avec l'Autriche; le principe de l'équilibre européen a été son premier code, la négociation secrète, avec son cortège de ruses, d'habiletés, d'inventions ingénieuses, sa première méthode. Lorsqu'elle fait conclure la paix de Westphalie et la paix des Pyrénées, elle est devenue institution d'État, et la plus puissante, la plus savamment machinée, l'instrument de règne le plus redoutable. De Louis XIV à la Révolution elle mène le monde, emplissant les cours de ses ambassadeurs, émissaires, agents secrets, servant aussi bien les grandes affaires d'État que les intrigues des favorites.

La diplomatie est essentiellement monarchiste. Si elle est aujourd'hui plus guindée en ses allures, et d'apparence plus sévère; si elle s'est transformée en une science austère qui veut paraître compliquée, elle n'en reste pas moins, avec ses méthodes et ses procédés, l'expression formelle des intérêts dynastiques. Elle a été instituée pour la défense de l'équilibre européen; elle mourra, elle meurt avec lui.

Or que représente ce principe de l'équilibre européen, devenu, à la longue, loi souveraine, plus immuable qu'aucune loi astronomique? Une simple étape de l'évolution des peuples de l'Europe, un compromis rendu nécessaire par la situation respective des puissances se rencontrant toutes ensemble à un point commun de la période politique.

Que serait-il arrivé si, au sortir de la période de colonisation, à peine installées sur leurs territoires chèrement acquis, les nations, confondues en un seul troupeau, avaient eu à subir le joug d'un homme, étaient passées sans transition de la barbarie de la conquête au servage de la monarchie universelle?

« La monarchie universelle, — a dit très judicieusement M. Thiers, — est de toutes les formes du despotisme la pire. Obligée d'augmenter l'énergie de son pouvoir en proportion de l'étendue de sa domination, elle devient forcément absolue; courbant tous les peuples sous un même joug, elle étouffe leur génie naturel; par l'instinct pervers du despotisme, ne leur prenant que ce qu'ils ont de mauvais, elle devient bientôt l'assemblage de tous leurs vices, représenté par une cour folle ou cruelle; et, quand le maître a suffisamment dépravé les sujets, et qu'en retour les sujets ont suffisamment dépravé le maître, la monarchie universelle finit comme Rome sous les coups des barbares, comme Constantinople sous le sabre des Turcs. »

Il fallait échapper à cette destinée, sous peine de voir toute civilisation s'éteindre et disparaître. Au moment où s'achevait la répartition du sol de l'Europe entre les peuples qui l'occupaient, il était urgent de consacrer le principe de l'inviolabilité de ce partage, en proclamant l'indépendance des États tels qu'ils s'étaient formés. Les institutions politiques d'où est sortie l'Europe moderne allaient naître : il fallait assurer à leur développement une longue période de stabilité.

La France, surtout, éprouvait uue répugnance insurmontable à l'idée d'être asservie à un despote. L'avancement de sa civilisation lui faisait paraître odieuse la crainte de la perte de sa liberté. Il était tout indiqué qu'elle prît l'initiative de la résistance à la maison d'Autriche.

C'est ici que la politique de notre monarchie apparaît avec ce caractère particulier que les évènements tirent des circonstances.

Un principe est posé tout d'abord, celui d'un certain équilibre à établir entre les nations pour empêcher qu'aucune d'elles menace la sécurité commune; s'il en est une qui, par ses prétentions, par un déploiement de forces, devient dangereuse, les autres doivent se liguer pour la réduire ou la contenir.

Cette politique serait d'une exécution facile, si les peuples participaient à la vie publique; mais ils sont tenus en servage et ne comptent que pour les ressources en hommes et en argent qu'ils ont charge de fournir. Les rois seuls gouvernent, enfermés dans l'abso-

lutisme, et nous avons vu combien ils sé-
parent souvent leurs intérêts dynastiques de
ceux plus réels de leurs sujets. Avec l'habileté, un monarque puissant peut paralyser
l'action d'un voisin ou en obtenir un concours
efficace. Des mariages, des promesses d'a-
grandissement de territoire, des menaces,
amènent des coalitions ou des neutralités. La
lutte n'est plus exclusivement armée, ne
se poursuit plus seulement sur les champs de
bataille; elle se complique des intrigues de
la diplomatie qui prépare, précipite ou retient
les guerres, selon les avantages ou les inconvénients de la situation.

Pour résister aux empiètements de la maison d'Autriche, il ne suffit donc pas d'en appeler à l'Europe, quelque intéressée qu'elle soit.
D'habiles négociations appuyées de guerres
heureuses ont donné à la famille des Habsbourg une puissance exagérée pour la tranquil-

lité de tous ; il faut user de moyens semblables pour la ramener à un rôle plus modeste.

L'Autriche opprime l'Allemagne protestante ; Richelieu et Mazarin, — pourtant princes de l'Église catholique, — soutiennent les protestants de l'Allemagne ; le premier a vaincu les réformés en France, mais il va chercher Gustave-Adolphe en Suède et l'amène sur le Rhin.

Henri IV, pour chasser l'Espagnol appelé dans Paris par la Ligue, abjure sa religion, et, rassurant par sa conversion la conscience de la majorité de ses sujets, peut se débarrasser de l'étranger.

François I⁰ˢ s'allie aux Turcs, nouveaux venus en Europe.

Les Polonais peuvent faire une utile diversion à l'orient de l'Autriche, Charles IX leur dépêche son frère pour régner sur eux. Plus tard, Louis XIV assiéra son petit-fils sur le trône d'Espagne afin de détacher à jamais ce pays de l'empire germanique.

Les petits États sont jugés indispensables à l'équilibre européen ; on considère qu'ils amortissent les chocs entre les grands États ; par leur nombre, ils divisent les intérêts, les compliquent, et rendent plus difficiles les coalitions. La France soutient les petits États, leur assure l'indépendance, et fait inscrire dans les traités de Westphalie et d'Utrecht leur droit à se constituer et à vivre.

Qu'on réfléchisse à la somme d'efforts dépensés, aux intrigues ourdies, aux négociations entamées, aux combinaisons inventées, afin d'obtenir ce résultat de réduire l'Autriche à la seule possession de ses provinces du Danube ! Louis XI a commencé la lutte, Louis XIV l'achève ; pendant cet intervalle de deux cents ans qui les sépare, la France n'a qu'une ennemie : l'Autriche ; qu'une po-

litique : entraver l'expansion des Habsbourg
et morceler l'empire germanique porté par
Charles-Quint au plus haut faîte de la puissance. Il est concevable que, pour mener à
bien une œuvre de cette importance, il soit
nécessaire de laisser aux mêmes hommes, le
plus longtemps possible, la direction des affaires. Ce n'est pas trop, dans ces circonstances, d'une vie tout entière, pour préparer, suivre et faire aboutir une combinaison.

Grâce à ce principe d'équilibre posé par la
France et qu'elle fait triompher, les États
d'Europe peuvent vivre, sinon en paix, au
moins à l'abri de ces bouleversements qui re-
mettent à tout instant en question l'existence
même des peuples. Les rois veulent se faire
la guerre, leurs sujets leur fournissent des
armées; mais, le tribut payé, le gros de la
nation reste attaché au sol, travaillant à l'organisation matérielle et morale du pays. Il

en est ainsi jusqu'au moment où le progrès des idées substitue les droits du citoyen aux privilèges du monarque, les droits de la nationalité au despotisme de l'étranger.

En 89, la France commence le mouvement d'affranchissement et plus tard acclame la République. Les rois se coalisent. Pour protéger l'indépenance   de leur royaume? Non. Pour rétablir la monarchie. La France ne menace pas la liberté des peuples ; elle inquiète la puissance des souverains.

A la fin du siècle dernier, les États sont déjà assez fortement constitués à l'intérieur, leur individualisme s'est trop largement développé, pour qu'une monarchie universelle soit possible ; l'équilibre européen, établi au XVIe siècle sur une base artificielle, sur la notion du fait acquis, n'a plus besoin d'être défendue par la diplomatie ; au contraire, un mouvement de concentration mieux ordonnée, plus rationnelle, va bientôt agiter les peuples, allant à l'encontre des intérêts les plus immédiats des dynasties régnantes. Comme toutes les institutions en déclin, la monarchie a perdu de vue le principe de son existence; elle croit son origine de droit divin, n'a plus conscience des masses qui gravitent au-dessous d'elle. L'équilibre européen n'a été pour les peuples qu'un accident, un moyen transitoire de constituer leur état social; la monarchie en a fait un dogme auquel tient sa destinée; le moindre ébranlement dans l'édifice politique de l'Europe met en péril tout le système. La France parle de liberté, d'indépendance : l'Autriche craint le soulèvement des Italiens et des Hongrois; la Russie surveille plus rigoureusement les Polonais; les Turcs se méfient des Grecs et des Slaves. La Révolution de 89, par les dangers qu'elle crée, est, pour les rois, une véritable violation des traités qui leur assuraient le gouvernement de telles provinces ou de telles populations; et ils se liguent contre elle, comme Richelieu coalisait les États secondaires contre la maison d'Autriche.

Battus par la France démocratique, les souverains prennent leur revanche en 1815; ils s'empressent de refaire l'Europe, sinon sur les bases des anciens traités, au moins sur le principe d'un équilibre à maintenir; c'est-à-dire qu'ils ne considèrent que les avantages de leurs dynasties, sans tenir compte des aspirations des peuples, qui se sont pourtant bien fortifiées pendant les vingt années de l'invasion française. Une nouvelle source de complications, la question d'Orient, vient donner, du reste, une dernière apparence de raison à cette politique d'équilibre, un regain d'activité à la diplomatie. Car il s'agit bien moins de laisser les Slaves s'installer à Constantinople, que d'empêcher l'accroissement des domaines du Tzar ou des Habsbourg. Jalousie de potentat !

En résumé, la politique extérieure de la monarchie française a été tout entière une œuvre de défensive. Très passagèrement sous Louis XIV, exceptionnellement avec Napoléon Ier, la France a été un danger pour l'Europe. Sauf ces deux périodes de courte durée, elle a été pour toutes les nations le salut ; non qu'elle se posât en protectrice inspirée des faibles ; mais le souci de son indépendance, l'amour du progrès, lui faisaient un devoir d'écarter chez les autres toute usurpation d'un pouvoir exagéré. Ayant reçu de l'antiquité les grands principes de la civilisation, elle s'appliquait à en étendre les bienfaits ; fière de son génie, elle voulait que tous ses citoyens missent un jour en commun leurs forces pour assurer sa grandeur ; son histoire tient en ces deux mots : Unité, liberté. Mais, ayant horreur du despotisme de l'étranger, elle n'entendait pas de son gouvernement qu'il fît servir son énergie et ses ressources à opprimer les peuples voisins. Elle s'est défendue avec acharnement contre les entreprises de la maison d'Autriche ; à cela s'est bornée son intervention dans les affaires de l'Europe. Elle a inauguré, il est vrai, une politique nouvelle, introduit dans les relations internationales des formules, des procédés particuliers, mais pour répondre aux nécessités du moment, comme palliatifs à un mal pressant.

II

Les traités de 1815, qui visaient, au lendemain des guerres de la Révolution et du premier Empire, à refaire la vieille Europe, n'ont été qu'un replâtrage sans consistance. Ils ont duré juste le temps nécessaire aux peuples de se reconnaître après les commotions des premières années du siècle, et de laisser s'infiltrer dans les couches profondes des masses les idées de liberté individuelle et nationale.

Chaque incident de la vie publique en France a eu, depuis la chute de Napoléon, son contre-coup en Europe, lézardant de fond en comble l'édifice échafaudé au Congrès de Vienne. L'Italie n'a pas cessé un instant de travailler à son indépendance ; la Pologne et la Hongrie ont, à diverses reprises, rudement fait sentir à leurs oppresseurs qu'elles comptaient sur une libération prochaine ; la Grèce a forcé l'Europe à la soustraire au joug des Turcs, la Belgique à la séparer des Pays-Bas.

Puis, à mesure qu'on avance dans le siècle,

on voit l'Italie devenir libre et une ; la Hongrie imposer son autonomie à l'Autriche écartée des affaires d'Allemagne et tiraillée en tous sens par les velléités d'indépendance de ses nationalités ; l'Allemagne fortifier l'union de la famille germanique; les tribus slaves s'agiter confusément et rejeter le fardeau de la domination musulmane.

Quelle signification donner à un mouvement de cette importance, — que n'a pu ralentir la compression des rois, si barbare qu'ils l'aient faite, — sinon que l'Europe achève de se constituer?

Voici un pays, — Allemagne ou Italie, — divisé en un certain nombre de petits États ayant gouvernements, codes, douanes, variant de l'un à l'autre de principes, de coutumes, de tarifs. Survient un prodigieux développement de la richesse publique dû entièrement aux progrès de la science : des procédés perfectionnés de tous genres augmentent le rendement des produits déjà connus, en jettent de nouveaux dans la circulation ; des moyens de transport d'une rapidité invraisemblable vont porter ces produits à la disposition des plus humbles, dans les régions les plus reculées et les plus inaccessibles, déterminant des transactions, sollicitant les efforts de l'industrie. Une condition mathématique du fonctionnement de ce rouage nouveau est la facilité, réduite à son extrême simplicité, des communications. Mais chaque État peut interrompre, diviser, entraver le grand courant producteur par les exigences de ses intérêts locaux ; la multiplicité des formalités judiciaires et administratives, les différences et les exagérations des droits fiscaux sujets à toutes sortes de variations imprévues, contrarient et, en fin de compte, paralysent les énergies du commerce. Est-il admissible que ce pays puisse se plier indéfiniment aux inconvénients d'une pareille situation?

Pour ne pas laisser péricliter ses intérêts matériels compromis par cette division des petits États, que fera-t-il donc? Si, comme l'Allemagne, il est affranchi du joug de l'étranger, mais que les circonstances ne lui permettent pas encore la fusion totale de tous les intérêts, politiques et autres, il se contente de créer le Zollverein, préludant par l'union douanière à l'unité définitive; sinon, comme l'Italie contrainte par l'Autriche à subir une foule de princes, il attend les franchises de son commerce de la chute de ses nombreux gouvernements. Une des causes de la Révolution de 1789 n'a-t-elle pas été l'abus des lignes d'octroi arrêtant les marchandises à l'entrée et à la sortie de chaque province?

Pour amener dans les États de l'Europe les transformations que ce siècle a vues se produire, il fallait quelque chose de plus que la haine de l'étranger et l'horreur du despotisme. Les excès de la tyrannie peuvent susciter l'émeute, la rébellion au pouvoir; il faut des causes plus générales pour précipiter les révolutions.

C'est le progrès économique qui a été en dernier lieu le grand facteur de l'unité des peuples, qui a déterminé finalement le rapprochement des nationalités.

Les adversaires du principe des nationalités, M. Thiers le premier, se sont totalement mépris sur le sens du principe que cette politique représente. S'attachant plus au mot qu'à la chose, ils ont cru à l'absorption forcée, par un seul maître, de toutes les populations de même origine et parlant la même langue, et attribué à l'ambition des souverains ce qui est le résultat d'un mouvement, poursuivi, nous l'avons vu, depuis plus de dix siècles. Partisans de la perpétuité du dogme de l'équilibre européen favorable aux petites puissances, ils ont considéré les grandes agglomérations comme une source de dangers effroyables pour l'Europe. A leurs yeux, la France ne devait pas plus subir la rupture de la confédération germanique et l'amoindrissement de l'Autriche qu'elle ne devait coopérer à la libération de l'Italie.

Il est inexact que le principe des nationalités repose sur l'ambition des rois, sur leur désir d'étendre leur autorité à un plus grand nombre de sujets. Il est, au contraire, la négation de cette autorité qu'il restreint, en la faisant passer d'abord des mains de plusieurs princes aux mains d'un seul, et qu'il limite, en appelant de plus en plus la masse au gouvernement du pays. C'est à tort qu'on s'imagine qu'il a pour condition essentielle de réunir, bon gré mal gré, en un seul groupe, toutes les populations de même race, parlant la même langue,—ce qui est l'unique moyen, est-on porté à croire, de discerner la commune origine. Dans la situation actuelle de l'Europe, il est vrai, — nous l'avons déjà indiqué, et nous croyons utile de bien marquer cette distinction, — l'avidité de certaines dynasties régnantes se confond avec les aspirations unitaires de leurs sujets; et, les privilèges du pouvoir l'emportant, le principe peut en être faussé. Mais comme rien n'est durable, hors ce qui est naturel, les caprices d'un souverain sont impuissants contre la logique d'un mouvement qui a pour base les intérêts immédiats des peuples.

Qu'est-ce qu'une nationalité? Qu'est-ce qui en constitue les caractères? Est-ce la communauté d'origine et de race? Est-ce

l'unité de langue? Est-ce la situation géographique?

« On peut dire qu'il y a nationalité,—écrit
Stuart Mill, — là où se trouvent des hommes
unis par des sympathies communes qui n'exis-
tent pas entre eux et d'autres hommes, sympathies qui les portent à agir de concert
beaucoup plus volontiers qu'ils ne le feraient
avec d'autres, à désirer vivre sous le même
gouvernement et à désirer que ce gouvernement soit exercé exclusivement par
eux-mêmes ou par une portion d'entre eux.
Le sentiment de nationalité peut avoir été
engendré par diverses causes ; c'est quelque-
fois l'effet de l'identité de race et de souche ;
souvent la communauté de langage et la communauté de religion contribuent à le faire
naître, les limites géographiques également.
Mais la cause la plus puissante de toutes,
c'est l'identité d'antécédents politiques, la

possession d'une histoire nationale et, par conséquent, la communauté de souvenirs, l'orgueil et l'humiliation, le plaisir et le regret collectifs se rattachant aux mêmes incidents du passé. »

« Si l'on demande à quoi l'on peut reconnaître une individualité nationale, — dit le baron Eötvös, — nous répondrons : Uniquement dans la conscience qu'elle puise de son existence personnelle par le besoin de réaliser cette existence. Chaque peuple, qu'il se compose de millions ou seulement de milliers d'individus, qu'il soit indépendant ou bien soumis à un autre peuple, se sentira comme nationalité si cette conscience s'éveille en lui, et il devra être reconnu. »

« La nationalité, — dit M. Maximin Deloche, — est le lien qui unit entre eux des groupes d'hommes, lesquels ont reçu ensemble les lumières de la civilisation, ont développé leurs intérêts dans les mêmes voies, perfectionné des aptitudes et contracté des mœurs semblables, qui possèdent enfin des traditions, une histoire et souvent une langue communes. »

Ni l'identité d'origine, ni l'unité de langue, ni la situation géographique, ne suffisent, on le voit, à constituer une nationalité : il n'est point de peuple qui ne soit plus ou moins mêlé ; une nation peut être unie et homogène et renfermer des populations de langues différentes ; les frontières naturelles d'une contrée ne limitent pas toujours un seul et même État. Tout système qui tendra à englober indistinctement des groupes d'individus uniquement rapprochés par des ressemblances extérieures, ira donc contre son but.

A l'encontre du régime de la conquête soumettant sans pitié ni merci des peuples vaincus au joug d'un despote, le principe des nationalités repose sur le consentement des populations, identique, en cela, au principe des gouvernements modernes, et, comme lui, essentiellement démocratique.

On ne manquera sans doute pas d'objecter que l'Italie, par exemple, pour achever son unité, a dû faire écraser la moitié du pays par l'autre moitié ; la Prusse vaincre les résistances de l'Allemagne du Sud. Mais quelle est l'institution nouvelle qui a jamais triomphé sans avoir eu à briser les intérêts du passé? N'oublions pas, nous qui sommes fiers de l'unité française, ce que cette unité a coûté à notre pays de ruines et de larmes ; il n'y a pas cent ans encore, la Bretagne tentait un suprême effort pour se dégager de la fédération des antiques provinces. Les Italiens du Nord ont mitraillé Palerme, et conquis par les armes le royaume de Naples ; les Prussiens ont battu les petits États confédérés ; mais avaient-ils pour adversaires des peuples luttant pour l'indépendance, ou des régiments s'acharnant à défendre les privilèges de dynasties déchues?

Qu'on suive pas à pas l'histoire des pays unifiés au cours de ce siècle ; qu'on étudie soigneusement les causes déterminantes du groupement de leurs populations, on verra combien sont exacts les caractères distinctifs de la nationalité que nous ont fournis les citations précédentes. De même, si l'on veut bien tenir pour vrai le résumé que nous avons esquissé de la marche de la civilisation, on reconnaîtra que le système des nationalités marque la dernière étape du mouvement de concentration des peuples à la surface de l'Europe. Après les bouleversements de la période de colonisation, les difficultés et les angoisses de la période politique, il devait se produire un remaniement des États européens plus conforme aux aspirations, aux sentiments, aux intérêts de leurs habitants, fondé uniquement sur la volonté populaire.

La fusion des nationalités est du reste assez avancée en Europe pour qu'on puisse en apprécier les résultats. En comparant la situation actuelle de l'Allemagne, de l'Autriche-Hongrie, de la Serbie, de la Roumanie, de la Grèce, de l'Italie, avec leur état d'il y a cinquante ans, on verra ce que ces pays ont gagné en puissance, en fortune, en bien-être; à quel point s'est élevé leur niveau intellectuel et moral. Ce simple fait, purement matériel, de la réunion en un seul des budgets minuscules des petits gouvernements du temps jadis, a procuré soudain un développement extraordinaire de la richesse publique. Il serait difficile de soutenir qu'il n'a pas été avantageux à un Basque ou à un Breton, un Sicilien ou un Napolitain, un Poméranien, un Bulgare, d'être entraîné dans le courant d'idées, de sentiments d'un peuple hautement civilisé et cultivé, d'être un membre d'une grande, riche et forte nationalité.

CHAPITRE QUATRIÈME

LA POLITIQUE MONARCHISTE DE LA FRANCE RÉPUBLICAINE : LA GUERRE DE 1870 ET LE CONGRÈS DE BERLIN

I

Comment M. Thiers n'a-t-il pas compris, lorsqu'il défendait à outrance dans les dernières années du règne de Napoléon III la vieille politique de la monarchie, que l'équilibre de l'Europe était un simple incident de la vie des peuples, et que c'était méconnaître les conditions les plus élémentaires du progrès social que d'exiger à perpétuité le maintien d'une formule empirique, d'un compromis transitoire ? Certes il est raison-

nable de ménager avant tout des avantages à
sa patrie ; mais n'est-il pas tyrannique de refuser aux autres les bénéfices de la liberté et
de l'unité auxquelles on doit soi-même la
grandeur de son pays ? Est-il prudent de
forcer le ressentiment des gens en s'opposant,
chez eux, à toute manifestation propre à rele-
ver leur dignité et à accroître leur bien-être ?

Le mal causé à cet égard à la France par
nos hommes d'État, depuis 1815 à 1870, est
inimaginable. A aucun moment ils n'ont su
pénétrer le sens des grandes transformations
que ce siècle voit se produire. Par leur faute,
la France s'est trouvée prendre constamment
des résolutions contraires à ses intérêts. Elle
a pu tout d'abord n'en pas souffrir grand
dommage ; en obtenir même des satisfactions
d'amour-propre, en inscrivant en Crimée et
en Italie des noms de victoires ; mais à la fin,
en face d'un adversaire plus ombrageux et

plus résolu, elle a subi un échec complet, qui, pour tout autre pays, eût peut-être été le signal d'un abaissement définitif.

La France est, en ce siècle, par rapport aux autres peuples de l'Europe, dans une situation exceptionnelle, délicate, qui lui commande une grande réserve. C'est trop dire qu'elle n'a rien de commun avec eux; mais ses sentiments, ses aspirations, ce qui l'anime et la passionne, la touche au vif de son être, lui constituent une manière d'être en opposition par nombre de points avec celle qui caractérise encore les nations voisines.

Prenons, par exemple, la France et l'Allemagne, les deux grandes ennemies du moment. Rien ne peut mieux peindre l'état actuel de l'Europe et la position respective des deux pays, et montrer les funestes conséquences d'une fausse politique, que de les opposer l'une à l'autre.

La France, présentement, a achevé l'œuvre de son unité ; elle n'a plus de conquêtes à faire sur ses voisins ; aucune rivalité ne sépare ses provinces qui tendent à une homogénéité de plus en plus absolue. La France se gouverne elle-même ; si elle a secoué le joug de la souveraineté d'un homme, si elle s'émancipe de la tutelle des castes, c'est précisément afin de concentrer en un seul faisceau ses forces vives, et de les appliquer, sans en rien distraire, à tout ce qui peut assurer sa grandeur et sa prospérité. Nous indiquions précédemment qu'elle entrait dans une troisième phase de son évolution, la phase économique ; en effet, toute son activité se porte maintenant sur le développement de ses richesses ; elle travaille au bien-être de ses populations, au progrès de leur intelligence. C'est l'œuvre de la paix qui commence après le dur labeur des guerres qui l'ont faite ce qu'elle est.

Dire de l'Allemagne qu'elle traverse ce que nous avons appelé la « période politique », c'est marquer la distance qui la sépare encore de nous, c'est accuser d'un trait la différence des sentiments auxquels elle obéit. Nous l'avons comparée à la France de Louis XIV ; c'est la même préoccupation d'assurer l'unité du pays, sous le couvert d'une dynastie qui poursuit, concurremment avec les visées de la nation, la réalisation de ses rêves ambitieux. La guerre de conquêtes, l'accroissement de territoire qui rend le souverain plus riche et plus puissant, tel est l'unique objectif de la politique royale. Le peuple suit, parce que la victoire, en paralysant les voisins, lui facilite l'accomplissement de sa tâche. Durant cette période de formation, il dépense une ardeur et une énergie que décuplent les revers ; il a en lui assez de forces pour déborder au besoin sur l'Europe, ainsi que les Français l'ont fait en 92, si l'Europe veut l'arrêter dans son essor.

Il est difficile de trouver entre la France et l'Allemagne une plus grande divergence de vues.

En cet état, qu'une cause quelconque amène un conflit entre les deux nations; qu'arrivera-t-il?

L'imprudente guerre de 1870 nous fournit un enseignement que nous payons trop cher pour le dédaigner.

En conscience, quel intérêt la France avait-elle, en 1870, à déclarer la guerre à l'Allemagne? Victorieuse, qu'aurait-elle pu réclamer à son adversaire? De l'argent?... Un accroissement de territoire, les provinces du Rhin? En face de l'Alsace-Lorraine meurtrie de sa séparation, quel est le républicain français qui pourrait soutenir que la France aurait annexé et garderait en République des populations de race étrangère, qui réclameraient leur retour à la patrie allemande, avec la même insistance que nous mettons à réclamer pour nos frères d'Alsace-Lorraine le droit de revenir à la patrie française?

Mais nous avons été battus, et l'on a accusé de notre défaite tout, depuis les dieux inconnus jusqu'à nos meilleures qualités, qui, pour la circonstance, sont devenues nos pires défauts.

En réalité, la guerre nous a surpris en pleine crise de transformation, au beau milieu d'une de ces poussées de l'esprit démocratique qui se font jour de temps à autre. Ce n'est pas le sentiment du devoir militaire qui s'affaiblissait en nous, ainsi qu'on l'a avancé; c'est le militarisme, c'est-à-dire la subordination de l'élément guerrier aux caprices du pouvoir, qui disparaissait avec l'Empire, en même temps que la dernière manifestation de l'esprit monarchiste dont il était la brutale incarnation. Dans sa réaction contre la politique extérieure des Bonaparte, l'opinion publique allait peut-être un peu loin en parlant de désarmement; elle avait surtout conscience que le rôle de la France, enfermée depuis cent ans dans ses frontières naturelles, n'était plus de s'interposer entre les nations européennes pour établir un soi-disant équilibre dont elle n'avait plus que faire; elle pensait que l'armée n'ayant plus ni conquêtes à opérer, ni mission civilisatrice à accomplir, pouvait sans grand inconvénient être réduite aux seuls cadres d'instruction. Quel profit la France a-t-elle retiré des guerres de 1815 à 1870? A quoi lui ont servi les expéditions d'Espagne en 1823, de Rome en 1849, la Crimée, l'Italie, le Mexique? En les entreprenant, les gouvernements ont satisfait à leurs intérêts particuliers ou donné une proie à l'ambition des chefs militaires ; mais la France n'a fait qu'y perdre le meilleur de son sang et gaspiller son argent. Vers la fin de l'Empire, l'opinion publique, naturellement ignorante des conceptions de la diplomatie, et qui ne pouvait prévoir les orages que cette diplomatie amassait à l'horizon, trahissait tout ingénument ce sentiment que le règne de la paix commençait pour la France. L'agression de 1870, provoquée par la folie de Napoléon III, n'ayant aucune raison d'être, nous prenait à l'improviste ; elle répondait si peu à une nécessité de notre part, que, ce qui paraissait au début ne devoir être qu'une lutte entre deux armées monarchistes, se transformait, au grand émoi du pays qui n'y était nullement préparé, en une guerre de nation à nation.

Il n'était pas davantage de l'intérêt de l'Allemagne de nous chercher querelle. On a

prêté à cet égard à **M.** de Bismarck un ma-
chiavélisme bien inutile, comme on a trop
appuyé sur une animosité qui tirerait son
origine des invasions du premier Empire.
L'amitié et la haine restent choses platoni-
ques entre nations quand elles n'ont pas pour
aliment une collision d'intérêts immédiate.
L'irritation de l'Allemagne contre la France
avait une raison d'être plus récente dans
la politique du second Empire. Ce préjugé, partagé encore par nombre de gens,
que l'unité germanique mettait l'Europe en
péril, inspirait aux diplomates de Napoléon III, à l'égard de nos voisins, une conduite
pleine de restrictions menaçantes, peu faite
pour maintenir entre les deux pays des relations de cordiale courtoisie. On conviendra
qu'il était difficile de persuader aux Allemands qu'ils n'avaient aucun droit à constituer chez eux une unité nationale que la

France se tuait à donner à l'Italie, après
l'avoir fondée chez elle. En vertu de ce principe de la diplomatie que la puissance d'un
prince repose sur la division de ses adversaires, l'empereur Guillaume aurait eu tout
aussi bien raison, en ce cas, d'exiger de la
France, en 1871, la reconstitution des duchés de Flandre, de Bretagne, de Bourgogne
et de Provence. Il est plus simple de reconnaître que l'Allemagne, cédant tout entière
au grand courant qui l'entraînait vers l'u-
nité, était naturellement portée à voir une
ennemie irréconciliable dans toute nation
qui cherchait à l'entraver dans son mouvement; se sentant en butte aux mauvaises
dispositions de tel et tel voisin, elle prenait,
pour la défense de son œuvre, les précautions
les mieux savamment combinées. Mais rien
de fatalement nécessaire ne la poussait à
s'armer contre nous. Un conflit était inévita-

ble entre la **Prusse** et l'Autriche, nous l'avons démontré. Nulle compétition ne séparait la France et l'Allemagne. La question de l'Alsace-Lorraine, qui ouvre un abîme aujourd'hui entre les deux pays, a surgi après coup; elle est née des évènements de 1870. En admettant même que l'annexion de ces deux provinces ait hanté parfois une cervelle allemande dans un accès de chauvinisme outré ou de pangermanisme diffus, elle ne serait jamais devenue une réalité, si la politique aventureuse, anti-libérale, anti-française de Napoléon III avait seulement fait place à une neutralité d'un strict bon sens. Victorieuse, l'Allemagne nous a pris de l'argent : sa puissance économique ne semble guère en avoir ressenti l'heureux contre-coup; elle nous a arraché l'Alsace-Lorraine : il ne faut pas être un bien grand politique, — surtout après dix années de germanisation à outrance, — pour s'apercevoir que l'assimilation de nos départements du Rhin est chose impossible ; la langue parlée ne fait pas la race : ethniquement, les Alsaciens ne sont pas Allemands, la science le prouve, l'histoire le confirme. Si la guerre de 1870 n'avait pas eu lieu, l'Alsace nous serait restée : l'unité de l'Allemagne s'en ferait-elle moins? Si, dans une nouvelle lutte, nous avions à subir à nouveau la dure loi du vainqueur, sans doute la Champagne ou la Franche-Comté nous échapperait : l'unité de l'Allemagne en serait-elle plus complète et mieux achevée? La guerre de 1870 a été à peu près aussi funeste aux Allemands qu'aux Français ; elle a servi presque uniquement les intérêts de la dynastie des Hohenzollern, comme elle aurait peut-être, en cas de victoire, consolidé pour un temps le pouvoir chancelant des Bonaparte. Mais, nous l'avons dit, la destinée de la nation allemande est encore trop subordonnée à celle de la maison de Prusse, pour que toute victoire ne profite pas d'abord au souverain. C'est bien moins le peuple allemand, que l'empereur Guillaume, qui a ajouté à ses possessions un morceau de territoire pris sur le voisin. De l'autre côté du Rhin, on ne s'en rend pas compte maintenant; on le comprendra plus tard.

Nous avons été battus. Parce que nous n'étions pas prêts, répète-t-on depuis dix ans; notre organisation militaire était nulle, celle de l'Allemagne formidable. Les deux pays étaient dans la logique de leur situation, le lecteur doit l'entrevoir. Mais de plus, les Allemands apportaient dans cette guerre une force, un élément de supériorité qui nous manquaient. Napoléon III entrant à Berlin, l'unité de l'Allemagne était à refaire depuis Iéna. Nos adversaires combattaient donc pour le droit, pour une cause sacrée à leurs yeux. Jusqu'au lendemain de Sedan, pour quelle idée avions-nous à faire le sacrifice de notre vie? Malgré les qualités militaires de notre race et l'héroïsme traditionnel de notre armée, que pouvaient les régiments de l'Empire menés par des généraux favoris de cour contre une nation faisant marcher comme un seul homme, au nom d'un principe, deux générations de citoyens? Les volontaires de la République défendant la Révolution contre l'Europe coalisée n'avaient pas de peine à vaincre les soldats impériaux; et de quelle énergie, de quel esprit d'abnégation n'avons-nous pas fait preuve lorsque, après Sedan et Metz, nous avons dû sauver nos foyers de l'invasion?

Nous avons succombé, parce que lorsque deux nations suivent des voies différentes, ne combattent plus pour des intérêts identiques, celle-là a grande chance d'être vaincue qui aura agi contre la logique de sa destinée, se sera engagée dans une lutte sans profit pour ses intérêts. Le sentimentalisme n'a que faire dans la bataille de la vie; il faut un mobile plus sérieux que le vain amour de la gloire ou l'exaltation d'un patriotisme irréfléchi pour mener un peuple à la victoire ou le soutenir dans la défaite. Le propre d'une bonne politique n'est pas tant d'assurer une paix perpétuelle, que d'éviter des guerres inutiles.

II

Mais les évènements de 1870 sont loin de nous ; les causes qui les ont produits ont disparu. Le droit de disposer de la vie et des biens de toute une nation n'est plus à la merci d'un souverain inhabile, d'une cour frivole ; la guerre ne peut être déclarée sans le consentement des mandataires du peuple, et le peuple, en république, est l'arbitre souverain de sa destinée. Tel est, du moins, le principe de la Constitution qui nous régit. Qu'il en soit ainsi dans la pratique des faits quotidiens, c'est une autre question. En réalité, le danger de voir se renouveler la funeste aventure de 1870 sera le même tant que les décisions de la politique extérieure resteront subordonnées à la volonté d'une minorité indépendante ; et, à cet égard, rien n'a été changé aux habitudes des anciens gouvernements. La façon dont a été envisagée la conduite de nos affaires étrangères, dans ces dernières années, le prouve surabondamment.

La guerre de 1870 a causé une stupeur profonde ; le peuple a eu conscience que ces désastres étaient immérités, et qu'il était victime d'une politique aussi fausse qu'égoïste ; il l'a témoigné par les agitations qui ont accompagné et suivi la guerre ; depuis, il n'a cessé de se tenir en méfiance des intentions de nos hommes d'État. Qu'ont fait ceux-ci pour dissiper ces préventions et calmer des inquiétudes toujours vivaces ? S'ils ont agi par eux-mêmes, ils sont retombés invariablement dans les errements des gouvernements monarchistes ; ou bien, ne pouvant plus faire autrement, en dernière extrémité, ils se sont mis à la remorque de l'opinion publique. Mais ils n'ont rien compris à l'avertissement salutaire que l'année terrible donnait au pays ; ils ont cru, — ils croient encore, — dans l'échec subi il y a dix ans, à une éclipse passagère de la fortune ; ils n'ont pas vu que la France rebroussait alors chemin, recommençait les inutiles querelles de prépondérance dynastique qui caractérisaient la période politique. Loin de là ; à peine le suffrage universel imposait-il silence aux prétentions des anciens partis, que nos gouvernants se hâtaient de reprendre en Europe cette funeste politique qui venait de nous coûter deux provinces, quinze milliards et la mort de deux cent mille Français.

Que sommes-nous allés faire au Congrès de Berlin? à Dulcigno? en Tunisie?

III

N'y avait-il pas une meilleure attitude à prendre, dans la situation où se trouvait la France en 1878, que d'aller enregistrer à Berlin des décisions qui n'avaient même pas pour elles l'équité et le bon sens?

Que se proposaient en somme les puissances réunies en congrès au lendemain de la guerre russo-turque? L'Allemagne souhaitait que la Russie victorieuse de la Turquie et seule signataire du traité de San-Stefano n'exagérât pas sa puissance. L'Angleterre et l'Autriche ne voulaient pas que l'influence russe contre-balançât, dans les Balkans, l'influence austro-anglaise. Il faut voir, en dernière analyse, ce que tout cela signifiait.

Il y a aujourd'hui deux politiques en présence dans l'Orient : celle des rois et celle des peuples.

D'une part, les tzars convoitent, par tradition, d'étendre leur domaine jusqu'à Constantinople ; les Habsbourg rêvent de porter les limites de leurs possessions à la mer Egée ; les Hohenzollern redoutent un accroissement de force de leur voisin de l'est, mais ont tout avantage à voir leur adversaire de Sadowa s'engager dans les difficultés inextricables de la question d'Orient; l'Angleterre croit dangereuse pour sa puissance industrielle et coloniale la prépondérance du Russe ou de l'Autrichien, réclame le *statu quo,* et se déclare contre quiconque tente d'évincer les autres. En tout cela on n'a égard ni aux sentiments ni aux aspirations des peuples.

D'autre part, les nationalités s'éveillent au contact de la civilisation qui les pénètre de tous côtés, sous toutes les formes. Elles se cherchent, accusent leur individualité, et s'agitent pour se soustraire au joug de l'oppresseur, pour s'organiser en États libres selon leurs sympathies et leurs intérêts.

Par leurs divisions, les grandes puissances favorisent ce mouvement; ne pouvant l'enrayer, elles le surveillent avec un soin jaloux; faute d'atteindre directement le but de leurs convoitises, elles essayent d'y parvenir en protégeant l'un ou l'autre de ces petits peuples dont elles adoptent les vues, comptant s'en faire des clients passifs et soumis.

Dans cette voie, la Russie s'était taillé à San-Stefano une part beaucoup trop belle, que les autres souverains ne pouvaient manquer de réduire à des proportions moins décevantes pour leur ambition. Aussi le Congrès de Berlin s'est-il plus soucié de satisfaire aux rancunes et aux espérances des monarques que de sauvegarder les droits des nationalités. Pour amoindrir l'influence de la Russie dans les Balkans, il a refusé la liberté à des milliers de chrétiens qui venaient de verser leur sang pour leur indépendance; par contre, en manière de compensation, il a donné à l'Autriche la Bosnie et l'Herzégovine qui ne demandaient pas une annexion de ce genre. L'Angleterre a pris Chypre. L'Allemagne a eu le plaisir d'humilier son ancienne alliée la Russie, et de pousser l'Autriche un peu plus avant dans l'engrenage de la question d'Orient. Sauf les chrétiens de Bulgarie qui ont été franchement soustraits au joug des Turcs, c'est encore la politique des dynasties qui a retiré du Congrès de Berlin les plus grands avantages.

La constitution dernière de l'Europe, telle que la veut l'évolution des peuples européens et que l'indique l'histoire, est assez avancée pour qu'on puisse en définir les grandes lignes.

Nous avons dit comment les peuples occidentaux ont achevé leur transformation de puissances guerrières et politiques en puissances économiques ; comment le mouvement se propageant de l'Ouest à l'Est a gagné le centre de l'Europe où il opère avec une force irrésistible ; déjà la Russie, atteinte à son tour, sort de la torpeur où la maintenait une autocratie arriérée de dix siècles.

Restent les populations slaves et grecques de l'Orient, soumises à la domination des Turcs. Mais ceux-ci sont appelés à disparaître.

Il n'est plus guère d'État européen qui nourrissent aujourd'hui l'illusion de conserver l'empire ottoman, même en le réformant et le régénérant. La race turque est inférieure aux races qui ont conquis et civilisé l'Europe ; malgré un contact de plusieurs siècles avec des peuples d'une culture élevée, elle est restée barbare, elle s'est montrée invinciblement rebelle à la civilisation. Elle a pu s'imposer par la force à la nation grecque fatiguée par des siècles d'un rude labeur intellectuel, ou aux pacifiques cultivateurs des plaines du Danube ; son énergie guerrière amortie par les loisirs de l'étape prolongée qu'elle fait depuis trois cents ans sur les rives du Bosphore, elle ne peut rien contre le réveil de populations mieux douées, par leur origine, pour la lutte des temps modernes. Malgré ses vertus incontestables, l'honnêteté, la sobriété, la bravoure, le stoïcisme dans le malheur, qui contrastent étrangement avec les vices de son aristocratie cosmopolite, la race turque manque des qualités dominantes chez les peuples qui font marcher la civilisation : son intelligence est médiocre, son activité est nulle ; la tolérance dont elle fait preuve envers les chrétiens n'est qu'un mépris profond pour les sentiments et les opinions que professent à ses yeux des êtres inférieurs ; jamais elle n'acceptera d'elle-même l'égalité des droits des races et des religions, le partage du pouvoir et de la propriété. La destinée de ces nomades, que le hasard d'on ne sait quelles tempêtes a fait échouer sur les côtes de l'Europe, est facile à prophétiser : la chute de l'empire ottoman en Europe est fatale ; elle

est prochaine; les sujets du sultan qui ne pourront se résigner à vivre sous la tutelle bienfaisante des chrétiens iront porter en Asie les
regrets de leur puissance à jamais déchue.

La question d'Orient n'est plus qu'une affaire de temps. La solution en est connue :
c'est, pour les peuples des Balkans, après le
droit de vivre libres, le droit de se constituer
en États indépendants.

Combien cette solution, inévitable, aurait
pu être hâtée, sinon devenir définitive,
au moment du traité de San-Stefano ! La
Turquie, alors abattue, subissait tout; elle
acceptait le traité russe qui libérait les Slaves
de la mer Égée au Danube; l'Europe pouvait intervenir pour achever l'œuvre d'affranchissement commencée par le dévouement
des Slaves de Russie; — car ce sont l'esprit
de sacrifice et le sentiment de fraternité qui
ont poussé cette fois les Russes à verser leur

sang pour sauver de la barbare oppression des Turcs leurs frères de race et de religion.

L'Europe est intervenue, mais pour tout remettre en question, pour rejeter à une époque lointaine, indéterminée, la solution qu'elle pouvait trancher sans délai, — sans rencontrer de difficultés.

La Bulgarie et la Roumélie étaient libres du fait des Russes. Qui empêchait de donner à la Grèce la part légitime qui lui revient sur le continent et dans la Méditerranée? Puisqu'on a pu prendre à la Turquie la Bosnie et l'Herzégovine pour leur faire partager la fortune chancelante des Habsbourg, que ne leur accordait-on une autonomie profitable à leurs intérêts? L'empire ottoman, réduit à l'impuissance, était alors incapable de s'opposer aux décisions de l'Europe, forte de sa justice et de son désintéressement.

Le congrès de Berlin en a décidé autrement; les dynasties de l'Europe centrale ont remanié et amoindri le traité de San-Stefano au gré de leurs intérêts personnels. Soit. Le droit n'a pas encore assez de force pour régner en maître; c'est affaire de patience et de peu de temps.

IV

Mais quel besoin notre pays avait-il de sortir d'une réserve, que tout lui commandait, pour contribuer à des solutions de cette nature?

Il y avait tout à la fois dignité et prudence à ce que la France n'assistât pas, à Berlin, à un congrès qui devait affirmer la politique égoïste des souverains avec un si complet dédain du droit et de la logique, une insouciance aussi cruelle des malheurs de populations dignes d'un meilleur sort.

Restituer d'abord à la Turquie la plus grande partie de sa puissance et lui permettre de reconstituer ses forces pour lui prendre ensuite des lambeaux de territoire, telle a été l'œuvre des diplomates réunis à Berlin. Malgré la décadence de son gouvernement, la Turquie peut toujours compter sur le fanatisme de ses habitants ; menacés dans leur existence, ceux-ci pouvaient, dans un élan de désespoir, se refuser à accepter les décisions du congrès et faire payer cher à l'Europe, mise en demeure, l'obligation où elle se trouvait d'imposer la soumission à sa volonté.

La France, en assistant au congrès où, par générosité inconsidérée, elle s'était déclarée la protectrice des Grecs, risquait donc sa fortune et la vie de ses enfants, pour délivrer quelques milliers d'Épirotes, qui ne peuvent man-

quer, après tout, de revenir un jour ou l'autre
à la mère-patrie ; elle se rendait complice
d'une politique contraire aux sentiments de sa
démocratie ; elle servait les compétitions des
dynasties qui se disputent la prépondérance
en Orient, en attendant qu'elles essayent un
partage de l'empire ottoman, où les droits
des nationalités n'auront rien à voir ; dans
cette lutte contre la Turquie, des conflits de
rivalité pouvaient s'élever entre des monarques déçus ou trop ambitieux : la France, engagée dans une action commune, était tenue
de prendre parti pour l'un ou pour l'autre,
alors qu'il doit lui être indifférent qu'un
Hohenzollern, un Habsbourg, un Romanoff
ou un Disraëli obtienne des satisfactions
qui, en l'état actuel de l'Europe, ne peuvent
être qu'éphémères.

« J'apporte un principe, » disait le prince
de Talleyrand en faisant asseoir la légitimité

au congrès de Vienne. « J'apporte un principe, » devait redire M. Waddington à la première séance du congrès de Berlin. « L'Europe veut-elle sincèrement en finir avec cette éternelle et irritante question d'Orient ? Plaçant l'intérêt général au-dessus des convoitises et des rancunes personnelles, pour la paix et la liberté, entend-elle donner aux populations grecques et slaves les satisfactions que réclament le droit et la logique ? La situation faite à la Turquie par la victoire des Russes permet à l'Europe de terminer sans effusion de sang l'interminable querelle qui déchire l'Orient. La sanction de la France est acquise à toute solution qui répondra au principe d'équité et de raison ; mais la France ne peut s'engager que pour la défense de ce principe. »

Un pareil langage était impossible à tenir en 1878, c'est évident. Puisque ni par inté-

rêt, ni par sentiment, la France n'avait rien
à faire à Berlin, sa dignité lui imposait l'abstention.

En assistant à un congrès des représentants des dynasties chargés de procéder
à une constitution capricieuse et à un partage
arbitraire des États, que faisait-elle, en effet,
sinon reconnaître le droit du vainqueur
d'accroître ses domaines aux dépens et contre
la volonté du vaincu? Elle ratifiait implicite-
ment l'annexion de l'Alsace-Lorraine à l'empire germanique. Les Alsaciens-Lorrains,
Français arrachés à la France, sont bien
aussi dignes de pitié que les Bulgares ou
les Épirotes soumis au Grand-Turc ; en dé-
clarant que les résultats du traité de Francfort ne pouvaient faire l'objet d'une discus-
sion dans ce congrès où chacun faisait
étalage d'une sollicitude hypocrite pour les
Grecs, les Bulgares ou les juifs de Roumanie,

la France renonçait à toute revendication de son droit et de sa justice.

Non, la France ne devait pas, ne pouvait pas aller à Berlin. A rester isolée en cette circonstance, elle n'en eût pas été moins forte, ni moins respectée. Résolue à maintenir, par son attitude, le principe qui triomphera demain de l'intégrité des États, elle pouvait se railler hardiment des accusations de « bouderie », ou rejeter les timides excuses du « recueillement », par lesquelles ses ennemis ou ses défenseurs maladroits cherchaient à expliquer sa conduite.

Au reste, mieux que n'auraient pu le faire tous les raisonnements du monde, les évènements suscités par les décisions du congrès de Berlin, évènements qui sont encore présents à l'esprit de tous, ont démontré combien avait été vaine notre intervention dans les affaires d'Orient, et à quel danger nous exposait cette manie de nos diplomates de vouloir que rien ne se règle en Europe sans leur participation.

V

Le congrès de Berlin et la démonstration navale de Dulcigno marquent les étapes d'une politique ambitieuse. L'expédition de Tunisie semble avoir été suggérée par des considérations d'un genre tout différent, qui achèvent de caractériser la politique personnelle.

Sur le terrain où nous entendons nous maintenir, nous devons nous interdire toute appréciation qui ressemblerait à une attaque directe contre tel ou tel homme d'État. En l'absence de documents authentiques, d'une

exactitude incontestée, nous ne pouvons pénétrer les mobiles secrets qui ont déterminé
le gouvernement à soumettre à un protectorat forcé un pays indépendant. Mais on a
parlé de politique coloniale ; on a invoqué la
sécurité de notre possession algérienne
menacée par les incursions de tribus in-
soumises, trop ouvertement protégées par
le bey de Tunis qui ne cachait plus son
hostilité contre la France. Nous devons
nous en tenir à ces motifs proclamés officiel-
lement.

Si réellement ils ont été la cause de l'expédition de Tunisie, ils ne peuvent suffire à la
justifier.

Les frontières algériennes sont fréquemment franchies par des maraudeurs venus du
Maroc, du Sahara ou de la Tunisie; mais il
en vient autant, sinon davantage, du Maroc
et du Sahara que de la Tunisie, et l'on peut

se demander pourquoi le bey de Tunis a été seul châtié, et non pas aussi l'empereur du Maroc. Au lieu d'entasser les régiments de l'Algérie dans les garnisons du littoral, il serait peut-être préférable de les répartir dans des postes frontières, où ils assureraient aux colons une tranquillité moins vaine que celle dont ils paraissent jouir en certains points exposés de l'Algérie. Il serait plus économique de prévenir de la sorte le pillage d'un troupeau ou d'une tente que d'aller mettre à la raison, chez les voisins, à grands renforts de troupes, des innocents qui, de leur vie, n'ont entrevu le territoire de la colonie.

Si en principe la guerre de Tunisie n'a eu d'autre raison d'être que le souci de protéger les frontières contre toute dépradation, les moyens employés sont loin de faire honneur au talent administratif de nos gouvernants. Si elle a été inspirée par le désir de mettre un

terme aux compétitions d'un peuple européen à Tunis, de faire entrer sous la domination française un pays convoité par d'autres,
en un mot d'inaugurer une politique coloniale, il n'y a pas lieu, — ainsi que nous
l'examinerons bientôt, — de louer le gouvernement de son entreprise.

En résumé, il est difficile de trouver un accord quelconque entre les sentiments actuels
du pays, et la façon dont a été menée la politique extérieure depuis quatre ans; nos
hommes d'État seraient bien en peine d'établir la nature des satisfactions que la France
a pu retirer de leur politique à l'étranger. Les
uns ont cru naïvement qu'ils devaient conti-
nuer la tactique des ministres de la monarchie, et ils se sont livrés avec un plaisir enfan-
tin au jeu des petits papiers diplomatiques ;
les autres, avec une confiance exagérée en
leur génie, ont voulu prendre dans le con-

cert européen une place au premier rang, en faisant renaître l'ancienne influence de la France dans les questions de politique internationale. Pour une cause ou pour une autre, c'est toujours l'action personnelle d'un homme ou d'un petit groupe substituée à l'action unanime, débattue publiquement, de tout un peuple.

CHAPITRE CINQUIÈME

I

Les désastres de 1870 n'ont pas empêché
les hommes d'État républicains de lancer la
France dans de nouvelles aventures. Il en sera
de même tant que le peuple se croira con-
traint de remettre les décisions de la politique extérieure à la discrétion de quelques
privilégiés. A moins de trouver à perpétuité,
pour guider les destinées de la nation, des
ministres de génie, constamment soucieux
du bien public, en parfaite communion d'idées
avec la masse des citoyens, incapables de céder à des entraînements de parti ou à des
impulsions irréfléchies, la paix ne sera ja-

mais assurée. Et comme une démocratie ne peut pas faire dépendre son existence du plus ou moins de talent et de loyauté d'un homme, mais bien de tout un ensemble de faits naturels, coordonnés, d'une action irrésistible, il est indispensable que la politique extérieure soit soumise, comme la politique intérieure, à des règles fixes, en rapport étroit avec les intérêts et les aspirations du pays.

La France est en république : la souveraineté populaire qui domine la conduite des affaires intérieures doit s'étendre également, sans restriction, à la conduite des affaires extérieures : tel est le principe fondamental à poser tout d'abord.

En adoptant ce principe de la souveraineté nationale, on aura au moins l'avantage, — à défaut de raisons meilleures, — de ne rien livrer au hasard, de marcher avec précaution sur un terrain semé de précipices. La

politique de casse-cou fera place à une action
prudente, mesurée, qui, dans tous les cas,
ne compromettra pas le salut du pays. La
direction des affaires étrangères aux mains
du peuple, incapable, si l'on veut, de discerner ses véritables intérêts, mais pacifique,
vaudra toujours mieux que la direction par
un petit groupe aussi incapable, mais téméraire et brouillon, parfois intéressé à faire
surgir des complications. Qu'il s'agisse des
relations délicates de la République avec les
monarchies, ou d'une entente franche et cordiale avec les démocraties voisines, le sentiment populaire sera toujours le plus sûr
conseiller des résolutions à prendre : dans le
premier cas, son bon sens, son tact, le pré-
serveront des entraînements de l'ambition
ou de l'utopie; dans le second cas, ses
sympathies pour des peuples de condition
identique atténueront ce que des froisse-

ments d'amour-propre ou des collisions d'intérêt pourraient avoir de gravité.

En affirmant la suprématie du peuple,
nous ne prétendons pas du gouvernement
qu'il devra soumettre à la sanction du suffrage universel, en une sorte de *referendum*,
toutes mesures nécessitées par les évènements. Notre République étant constitutionnelle et parlementaire, c'est à la Chambre des
députés que revient pour le moment l'obligation de diriger et de contrôler la politique
extérieure, au même titre et avec la même
autorité qu'elle doit diriger et contrôler la
politique intérieure.

Malheureusement, sous ce rapport, l'éducation parlementaire du pays reste encore à
faire. Soit indifférence ou inexpérience, soit
crainte de susciter des difficultés, la dernière
Chambre s'occupait peu des affaires étrangères. C'est à peine si deux ou trois de ses

membres passaient pour avoir quelque connaissance en ces matières; quand ils prenaient la parole, on les écoutait avec plus de
politesse que d'intérêt, et l'on se hâtait de
courir au vote, afin de donner au ministère
un bill d'indemnité ou un mandat d'agir en
toute liberté. C'est ainsi que la participation
de la France au congrès de Berlin et l'expédition de Tunisie ont été décidées par les
députés sans débats approfondis, sans qu'un
seul orateur soit sorti des généralités dont
se prévaut la diplomatie.

L'attention que, en Angleterre, la Chambre des Communes apporte au moindre incident de la politique extérieure, montre
avec quelle sollicitude et dans quelles limites
un Parlement doit inspirer et surveiller la
conduite des affaires étrangères. Une question surgit-elle? Le ministère est aussitôt
interpellé sur ses intentions; des députés

dont la compétence s'est formée par de longs séjours aux colonies ou dans de hautes fonctions, donnent leur avis, mettent en garde l'opinion ; le gouvernement ne craint pas les débats, ne se renferme pas dans le mystère d'une science qu'il croit infuse ; il ne se refuse pas à communiquer aux mandataires du pays les documents de nature à les éclairer ; les affaires d'Égypte ou de Tunis, de Grèce ou de Turquie, des Indes ou du Cap sont journellement discutées à la Chambre des Communes. N'avons-nous pas vu la politique française en Tunisie donner lieu à d'incessantes réclamations au sein du Parlement anglais ? Le traité de commerce avec la France que nos voisins attendent avec impatience, n'a-t-il pas été l'objet à Londres de fréquentes interpellations ? Les conseils amicaux de la majorité et les attaques violentes de l'opposition maintiennent ainsi le ministère sous une tutelle modérée, mais suffisante, sans rien pourtant lui enlever de l'indépendance de ses moyens. L'opinion règne véritablement ; le pouvoir gouverne.

Les partisans de la vieille politique monarchiste, ceux qui considèrent la diplomatie comme l'apanage féodal de quelques familles ou de quelques individus, ceux qui par timidité ou ignorance redoutent avec de nouvelles allures l'effacement de leur patrie, peuvent se convaincre par l'exemple de l'Angleterre que, dans un pays libre, les intérêts d'une nation au dehors ne doivent pas nécessairement péricliter parce que le peuple en prendra la direction suprême ; et qu'un gouvernement constitutionnel ou une démocratie peuvent, tout aussi bien qu'une monarchie absolue, être servis par des hommes d'État habiles.

En France, comme en Angleterre, l'opinion prononce souverainement. D'où provient cette différence entre les mœurs parlementaires de nos voisins et les nôtres quand il s'agit des questions extérieures? Tout simplement de ce que les Anglais ont une politique « nationale », tandis que notre jeune République, maintenue dans l'esclavage des préjugés du passé, ne sait encore se diriger à travers le dédale des complexités et des contradictions de la politique moderne.

Des circonstances particulières, mais nettement déterminées, imposent aux Anglais à l'extérieur une attitude strictement définie, de laquelle ils ne sauraient se départir sous peine de déchéance immédiate. La France, qui n'a pas, pour se guider, de raisons aussi concluantes, aussi capitales, se débat dans les incertitudes d'une phase de transition dont elle ne sait pas sortir.

Les Anglais interviennent constamment dans le règlement des litiges internationaux, mais pour la seule défense de leur commerce, de leur marine ou de leurs colonies. Cette intervention, justifiée par la nécessité, est toujours admise par eux; elle constitue une doctrine sociale que les partis, au plus fort de leurs luttes, ne peuvent mettre en cause un seul instant; whigs et tories disputent sur les moyens d'assurer à l'industrie de l'Angleterre une supériorité incontestée, les débouchés les plus nombreux et les plus productifs; mais ne sauraient conseiller, par exemple, un désintéressement qui ferait se relâcher la surveillance des colonies ou la garde des routes maritimes. La politique extérieure de la Grande-Bretagne peut s'appeler « la politique du fer et de la houille »; telle qu'elle est, elle a été, et sera longtemps encore.

La France n'a pas besoin, pour conserver la Cochinchine, de posséder Gibraltar, Malte, l'Égypte, ou de chercher querelle aux Russes, nouveaux envahisseurs de l'Asie; plus agricole qu'industrielle, elle n'a pas au dehors, au même degré, les charges de l'Angleterre, et n'est pas tenue par conséquent aux mêmes obligations; puissance continentale, elle peut craindre pour l'intégrité de son territoire; mais la perte d'une province ne fera jamais courir au reste du pays les risques de ruine que causerait aux Anglais la moindre atteinte à leur marine ou à leurs colonies. Les considérations qui font agir la France ne sont pas d'une nécessité immédiate telle, qu'il ne puisse y avoir aucun doute sur la conduite à suivre. De là nos embarras, notre indécision, le malaise dont nous souffrons, les erreurs qu'en fin de compte nous autorisons, pour peu qu'on nous oppose habilement les grands mots de « patriotisme », « d'honneur », « d'intérêts français ». La France a eu jadis, vis-à-vis des États européens, une politique très simple, comprise et adoptée de tous, politique de défense et d'équilibre, mais qui a perdu sa raison d'être du jour où les circonstances qui l'avaient fait naître ont disparu. A situation nouvelle, il fallait des combinaisons et des procédés nouveaux. Nous ne l'avons pas compris. Faute de voir clair dans le présent, nous nous sommes composé une politique bâtarde, incohérente, mélange de réminiscences du passé et de vagues notions des besoins du moment, bonne à contenter des ambitions, mais incapable de résoudre les difficultés et de satisfaire les intérêts. Quoi d'étonnant qu'une semblable politique n'ait rien de national, suive les fluctuations des luttes des partis, grandisse ou s'efface avec les changements de ministres, ne puisse être érigée par le Parlement en une doctrine d'État?

La souveraineté populaire ne pourra s'exercer, l'action des Chambres sur les hommes dirigeants sera illusoire tant que les principes feront défaut, tant qu'on ne s'arrêtera pas à des vues d'ensemble en rapport direct avec les besoins réels du pays.

Cette unité de vues que l'Angleterre possède, est-il impossible à la France de l'acquérir? A défaut des préoccupations commerciales ou coloniales dont s'inspire l'Angleterre, la France ne peut-elle trouver, dans sa condition actuelle, les raisons déterminantes d'une politique « nationale »?

II

La France est en république !

Si la République est aujourd'hui possible, ce n'est pas, comme on est encore trop porté à le croire, par résignation ou par caprice d'un peuple amoureux de l'instabilité. La République vient dans notre pays après un long passé historique, dont elle résume les aspirations ; elle représente un droit nouveau issu du progrès des idées ; elle traduit une forme gouvernementale plus parfaite, correspondant chez ceux qui l'adoptent à un niveau intellectuel et moral relativement élevé. Les principes abstraits, — État, Religion, Royauté, — qui avaient autrefois une grande puissance, sont maintenant sans influence sur la masse, qui est bien plus directement atteinte dans son sang et dans sa race, dans les besoins les plus immédiats de son existence, par un simple déplacement des intérêts économiques. En effet, les États se constituent suivant les vœux des peuples, en conformité d'assimilations légitimes; les dogmes de la religion et les privilèges de la royauté font place aux principes d'une morale sociale qui consacre les droits de l'individu, le respect de sa liberté, de son travail, de sa dignité.

De là une modification du tout au tout dans les relations entre États.

La politique extérieure des gouvernements européens obéit momentanément à deux courants :

L'un, qui a entraîné jadis toute l'Europe, n'agit plus aujourd'hui que sur les États du centre et de l'est, où s'achèvent la concentra-

tion des nationalités et le partage des territoires, et où les compétitions des dynasties
régnantes peuvent encore amener des conflits
entre souverains.

L'autre courant place les États d'Occident
en rivalité sur le terrain économique. Mais
ce ne sont plus les rois qui entrent ici en lutte ;
ce sont les peuples qui interviennent directement.

La politique des États qu'on pourrait appeler dynastiques en raison de l'influence toujours prépondérante des monarques qui les
gouvernent, est assez connue, pour que nous
n'ayons pas à insister. La diplomatie avec sa
rouerie et ses routines trouvera longtemps
encore à exercer son habileté dans des questions qui partagent plus les souverains
qu'elles ne divisent les peuples. Hohenzollern
peut chasser Habsbourg de l'Allemagne ;
celui-ci disputer à un Romanoff la tutelle des

petits princes de l'Orient; des alliances se
former ou se dénouer au gré des intérêts d'un
jour; des guerres éclater pour la plus grande
gloire des partis militaires, il ne se passera
là rien d'extraordinaire que l'histoire de nos
pays n'ait déjà présenté. Les relations des
chefs des trois empires ne diffèrent pas sensiblement de celles qui unissaient, aux siècles derniers, les rois de France, d'Angleterre, d'Espagne, les princes d'Allemagne et
d'Italie.

Tout autre est le caractère de la politique
des nations occidentales de l'Europe. Ici, les
gouvernements, constitutionnels ou républicains, sont tenus de compter avec l'opinion
publique. Plus de souverains cherchant à
grandir leur puissance, mais des peuples organisés dans les limites naturelles ou historiques de leur force d'expansion; partant
plus de querelles pour la conquête de terri-

toires, mais partout une rivalité bienfaisante
pour stimuler les efforts du travail et lui assurer des débouchés. L'individu, émancipé
de toute compression sociale et matérielle,
astreint seulement à remplir les engage-
ments que le régime de la liberté impose à
chaque citoyen, entre en lutte avec toutes ses
énergies pour satisfaire aux exigences croissantes d'une vie de plus en plus complexe.
Dans la voie où il se lance, loin de lui être
d'aucun secours, la guerre ne peut que le
gêner et le paralyser. La paix universelle ne
sera jamais sans doute qu'une utopie; mais
le champ économique est assez vaste pour
que d'ici longtemps on puisse l'exploiter sans
se heurter. Du reste, la « division du travail »,
cette grande loi que, les premiers, les biolo-
gistes ont donnée de l'organisme humain, devient de plus en plus, au fur et à mesure
qu'il se complique, la base même de l'orga-

nisme social. La facilité et la rapidité des échanges, la liberté du commerce, assurent à la consommation les produits qui lui sont nécessaires ; chaque pays, certain de trouver au dehors les matières que son sol ou son industrie ne peuvent lui procurer, s'attache désormais à développer ce que le climat, les ressources de son territoire et le génie de ses habitants sont en état de produire. Cette division du travail et de la production, en amenant la fusion ou l'enchevêtrement des intérêts, établira entre les peuples une solidarité autrement indissoluble que les alliances politiques et qui diminuera dans une forte proportion les causes de conflits. Dès lors, que peut faire la diplomatie avec ses traditions, ses procédés, ses tendances, pour régler des rapports d'intérêts purement économiques? Les questions qui surgissent se résolvent toutes en questions d'affaires qui nécessitent le concours d'hommes spéciaux, d'une compétence éprouvée sur chaque point à débattre ; les conventions qui en résultent, — traités de commerce, postaux, etc., — sont de simples contrats qui engagent les parties et ne peuvent se rompre, comme se dénouent les alliances des souverains.

La politique extérieure des Etats économiques n'a pas la moindre analogie avec celle des États dynastiques. Selon qu'elle considérera les premiers ou les seconds, la France devra donc tenir une conduite différente. Nous préciserons mieux le sens de cette politique en opposant successivement la France aux autres puissances de l'Europe.

CHAPITRE SIXIÈME

LA FRANCE ET L'ALLEMAGNE.

I

La dure loi du vainqueur ne s'est pas seulement appesantie sur la France aux jours néfastes de 1870. Depuis dix ans, notre pays subit la contrainte morale de voir ses intentions suspectées, son action entravée par un voisin jaloux et méfiant. La perte de l'Alsace-Lorraine, en perpétuant l'inimitié entre les deux peuples, maintient le vaincu dans une sorte de sujétion à la tactique du vainqueur, sans cesse sur ses gardes, craignant toujours un retour offensif, l'explosion d'une haine qu'il sait redoutable. Trop souvent les incidents de la politique courante nous ont amenés à constater l'ingérence occulte du chancelier de l'empire germanique dans nos affaires. Il importe, par conséquent, à la France, d'être fixée avant tout sur la nature des relations que les circonstances lui imposent avec l'Allemagne, — ou mieux avec son puissant ministre.

Que M. de Bismarck soit un grand homme, nul ne saurait y contredire. Mais on a trop exagéré tout à la fois les limites de sa puissance et la portée de ses desseins. Son habileté a souvent tenu à l'insuffisance de ses adversaires, comme ses succès ont été dus à la force d'impulsion irrésistible de l'œuvre qu'il entreprenait.

M. de Bismarck a été pour l'Allemagne ce citoyen de génie qu'un peuple enfante presque toujours à la veille d'une transformation sociale, lorsqu'il touche à une phase critique de son histoire. Il a été l'ouvrier de la dernière heure, qui édifie l'avenir avec les matériaux lentement amassés par les générations précédentes. Les divers groupes de la nation germanique étant prêts pour l'unité, restait, pour opérer la fusion, à choisir le jour et les moyens : c'est à cela que M. de Bismarck a appliqué sa patience et les ressources d'un esprit fécond et ingénieux.

A l'exemple de Cavour, Piémontais rêvant l'unité de l'Italie et s'appuyant sur le roi de Piémont, M. de Bismarck, Prussien voulant l'unité de l'Allemagne, s'est appuyé sur le roi de Prusse, le plus apte, par la puissance et l'ambition, à servir ses projets. Le concours du plus important des princes allemands obtenu, la tâche à remplir était double : il fallait d'abord vaincre les résistances de ceux qui préféraient l'autonomie de leur province à une union nationale, et retirer toute action sur l'Allemagne à la maison d'Autriche, qui, pour quelques milliers de sujets allemands, compte des millions de sujets slaves et hongrois ; il fallait ensuite faire accepter aux autres souverains de l'Europe, effrayés ou dépités, un remaniement de territoire qui était un accroissement de force pour une dynastie.

Avec les princes allemands rebelles à l'unité, avec la maison d'Autriche jalouse de son autorité dans la confédération, nul compromis n'était possible; moyennant quelques concessions, M. de Bismarck pensait gagner à ses vues la Russie, l'Italie et la France. Qu'il ait offert à celle-ci la Belgique pour prix de sa neutralité, il n'y a rien là qui doive nous surprendre. Nous ne devons pas juger M. de Bismarck sur nos principes démocratiques; le ministre prussien appartient à un État à demi féodal et ne compte pour rien la volonté des populations ; un territoire est pour lui un enjeu qui se perd ou se gagne au hasard des batailles. Mais une chose est certaine : jamais M. de Bismarck n'a fait mystère de ses desseins. Longtemps les salons des Tuileries et la plage de Biarritz ont retenti des rires des courtisans raillant l'homme d'État assez simple pour exposer le but de sa politique, assez présomptueux pour vouloir trancher en Europe sans l'assentiment de leur maître. Si Napoléon III a laissé faire Sadowa, ce n'est pas faute d'avoir été averti, comme il ne tenait qu'à lui d'éviter Sedan et ses conséquences.

L'Autriche abattue, la Russie neutralisée par l'espoir d'une solution plus heureuse de la question d'Orient, l'Italie rendue indifférente par la possession de la Vénétie, M. de Bismarck n'avait plus au dehors d'autre ennemi que le gouvernement de Napoléon III, toujours décidé, — malgré les idées personnelles, mais indécises, de l'Empereur, — à se poser en champion du droit européen foulé aux pieds. Avec une habileté consommée, il a su lui offrir un duel dont l'issue ne pouvait être douteuse pour lui.

Le roi de Prusse sacré empereur d'Allemagne dans le palais de Versailles, la partie la plus considérable de la tâche de M. de Bismarck était remplie ; il ne lui restait qu'à consolider l'œuvre et à en assurer la durée. Depuis dix ans il ne fait pas autre chose et n'a pu songer à tenter autre aventure.

N'ayant pas qualité pour scruter les pensées de « derrière la tête » du chancelier, nous ne sommes pas en état d'établir la validité de ses desseins secrets. M. de Bismarck peut rêver pour son pays des destinées grandioses, une prédominance matérielle et morale de l'Allemagne sur l'Europe ; ce sont là des intentions plus que des possibilités. Dans l'ordre sociologique, comme dans tous les ordres de phénomènes naturels, les forces sont limitées à l'énergie que leur impriment des circonstances antécédentes ; on peut ne pas déterminer ces circonstances, on n'élude pas leurs effets.

Ce qui est positif, c'est que, depuis Sedan, M. de Bismarck n'a pas varié dans sa politique. A l'intérieur, il s'est appliqué à donner à des éléments dissociés la cohésion indispensable à toute unité, passant le niveau égalitaire sur les indépendances locales, sur les franchises et les privilèges des minorités. Monarchiste et absolu, homme d'un autre âge, il n'est pas étonnant qu'il se soit servi des procédés vexatoires d'une centralisation autoritaire ; ennemi de l'esprit moderne, dont il ne peut cependant contester la réalité, il a cherché à en dominer les sentiments et les besoins, en les soumettant arbitrairement au doctrinarisme de l'État. Le ministre de l'empereur Guillaume achève en Allemagne ce que Richelieu a exécuté en France. Pour nous, qui avons progressé, l'œuvre de M. de Bismarck nous choque par sa rudesse; nous ne pouvons la comprendre, si nous ne nous reportons au règne de Louis XIII, à trois siècles en arrière.

A l'extérieur, M. de Bismarck n'a eu qu'une préoccupation : empêcher l'Autriche et la France de revenir sur le fait accompli. Nous touchons ici au vif de la question qui nous intéresse.

Dans la conduite des affaires intérieures, M. de Bismarck peut être un politique médiocre; dans ses relations avec les puissances étrangères, il est un diplomate de génie. Poursuivant inflexiblement son but, la consolidation des résultats obtenus, il lui est indifférent qu'on soit initié à ses projets;

jamais il ne laisse rien voir de ses moyens d'action. C'est là ce qui le rend si redoutable. Pour lui, il n'y a ni amis ni ennemis, mais des alliés selon les circonstances; il passe tour à tour de la Russie à l'Autriche, de celle-ci à l'Italie, de celle-là à l'Angleterre, offrant même de bonne foi son amitié à la France, sans qu'on puisse saisir l'instant précis de son évolution, ni pénétrer le secret de ses combinaisons. Le propre de sa politique, c'est la surprise; nul ne le surpasse en souplesse, sa fécondité d'intrigues est incomparable. Il sait voir de loin et prépare ses plans longtemps à l'avance; mais il excelle à profiter de la moindre occasion, revenant sur ses pas, changeant instantanément ses batteries, modifiant ses projets, trompant ses alliés, sans scrupules, tenant la vérité et le mensonge pour de simples instruments, corrupteur, excitant les passions et les convoitises sans rien leur céder. Trois puissances, la Russie, l'Autriche et la France, lui sont plus particulièrement hostiles. Très habilement, il a su à la fois écarter toute possibilité d'alliances entre elles, et les engager toutes trois dans des difficultés extérieures telles que leur attention fût détournée de l'Allemagne, gagnant ainsi, pour compléter son œuvre à l'intérieur, une longue période de sécurité.

II

Combien nos hommes d'État ont été dupés par lui ! Mais combien aussi leur insuffisance et leur folle présomption l'ont servi ! Après 1870, tout commandait à la France de s'abstenir. Soit calcul, soit imprévoyance, on nous a au contraire livrés à la duplicité de M. de

Bismarck; au lieu de nous soustraire à la politique pleine de périls du chancelier, on nous a jetés dans l'engrenage de ses combinaisons; si bien que, pour éloigner de lui tout danger de revanche, il nous a mêlé aux complications des affaires d'Orient, et, tentateur perfide, a poussé nos ministres à la conquête de la Tunisie. M. de Bismarck est sincère lorsqu'il parle de son désir de maintenir la paix; il ne tient pas à faire la guerre qui le relègue au second rang, au grand avantage des chefs militaires; il n'ambitionne pas la gloire des armes pour son pays; le recours à la force n'est pour lui que le moyen extrême de trancher une difficulté que son habileté a été incapable de résoudre. En voyant la France reprendre sa force et sa richesse, un Bonaparte se serait laissé aller à la réduire violemment, encore une fois, à l'impuissance. M. de Bismarck a préféré

s'adresser aux visées ambitieuses de ceux
de nos hommes d'État que l'avènement de la
République pouvait mettre en goût d'agitations diplomatiques ; il a su si bien surexciter
leur orgueil et se jouer de leur crédulité,
qu'il s'est assuré pour un temps contre toute
tentative de la France de le troubler dans ses
affaires. Nos embarras en Tunisie, l'inimitié
de l'Italie, l'attitude étrange de la Turquie à
l'égard de nos populations musulmanes,
valent bien par les résultats une victoire sur
un champ de bataille.

M. de Bismarck est trop grand politique
pour ne pas comprendre qu'un abîme sépa-
rera la France et l'Allemagne, tant que le
traité de Francfort subsistera avec ses conséquences. Les monarques peuvent se résigner
à perdre un territoire ; un peuple n'acceptera
jamais le démembrement de sa patrie. L'annexion de l'Alsace-Lorraine est un obstacle

à tout rapprochement entre les deux pays, même à une détente dans les rapports de voisinage. M. de Bismarck le sait bien, lui qui ne fait pas de sentiment; aussi la France reste-t-elle pour lui l'ennemie héréditaire, toujours suspecte et dangereuse. Toute immixtion de notre part dans les affaires de l'Europe, — à moins qu'elle ne soit contrôlée par lui comme au Congrès de Berlin, — lui paraîtra dirigée contre son œuvre; toute action de notre diplomatie l'aura pour adversaire, sera contrecarrée par sa politique autrement habile, il faut le reconnaître, infiniment redoutable. La France ne peut rechercher l'alliance de l'Allemagne; une entente commune est impossible entre elles deux; si elle s'agite en Europe, c'est donc qu'elle rêve une revanche immédiate : M. de Bismarck ne sortira pas de là.

Sommes-nous assez sûrs de nous-mêmes

pour risquer notre fortune dans un conflit avec les Allemands ? C'est à la conscience de chacun de répondre. Sinon, comment qualifier une politique qui nous exposait, au moindre incident, à nous rencontrer face à face avec le plus implacable de nos ennemis, ou qui faisait de nous le jouet de ses combinaisons ?

« Il me semble, quant à moi, que, lorsque je vois la société française progresser dans le calme, dans la liberté, dans le travail, il viendra bien un jour où les problèmes posés se résoudront peut-être par le progrès du droit des gens et par le triomphe de l'esprit pacifique. Il n'y a pas que l'épée pour délier les nœuds gordiens ; il n'y a pas que la force pour résoudre les problèmes extérieurs : l'esprit de droit et de justice est bien aussi quelque chose. Et qui donc oserait dire qu'il ne viendra pas un jour de consentement

mutuel pour la justice dans cette vieille
Europe dont nous sommes les aînés? qui
donc oserait dire que c'est là un espoir chimérique?»

Si cette déclaration faite par M. Gambetta
à Belleville, dans une réunion électorale, à
un de ces moments où les politiciens ont
besoin de compter avec l'opinion publique, si
cette déclaration avait été faite quelques
années plus tôt, en l'accompagnant des commentaires que nous développons dans ce
livre, on aurait épargné au pays bien des
inquiétudes, bien des embarras. Oui certes,
la force est insuffisante à résoudre les problèmes extérieurs, et l'esprit de droit et de
justice est quelque chose; c'est-à-dire que le
progrès résulte de lois d'arrangements à
l'encontre desquelles ne peuvent aller quelques individus épars dans la masse. Mais il
ne suffit pas de croire au progrès en thèse

générale ; il faut encore en préciser la nature, savoir analyser les éléments qui concourent à le déterminer, prévoir la direction que lui impriment des forces supérieures à notre puissance d'action. L'homme d'État qui aurait fait comprendre au pays, en 1871, le sens de la transformation qui venait de s'opérer en Europe, aurait plus fait pour apaiser les esprits et rassurer les intérêts, que dix ans d'intrigues diplomatiques et d'échanges de notes insignifiantes ne procureront de résultats. Il eût expliqué le malentendu d'où était sortie la guerre de 1870 ; comment la politique incertaine, troublée, agressive de Napoléon III avait amené un conflit avec la monarchie prussienne, déjà trop portée à rechercher dans une lutte armée la consécration de sa nouvelle puissance. En reconnaissant à l'Allemagne, au nom du progrès, toute liberté de se constituer en un groupe uni et indépendant, l'homme d'État qui aurait ainsi désavoué la politique impériale, pouvait revendiquer fièrement le droit imprescriptible de la France à la possession de l'Alsace-Lorraine.

La conquête de nos provinces du Rhin a été une erreur de la part de M. de Bismarck; elle pèsera lourdement sur les destinées de son pays. L'Allemagne ne réussira pas à germaniser l'Alsace, ni dans quelques années, ni dans cent ans, pas plus qu'elle n'a germanisé les Tchèques de la Bohême et de la Moravie en plusieurs siècles d'oppression. C'est folie qu'une tentative de cette sorte, à une époque où le sentiment de la nationalité s'éveille chez tous les peuples soumis à l'étranger, et fait craquer les institutions et les privilèges des dynasties d'un autre âge. La patiente et énergique résistance des Français d'Alsace ne se laissera pas entamer;

l'Alsace-Lorraine restera française en dépit
de la violence ou de la persuasion, et elle
fera retour à la France. A quel moment?
Puisque la force des armes n'a pu — et ne
peut encore — nous la rendre, elle nous
reviendra « le jour où les problèmes posés
se résoudront par le progrès du droit des
gens et par le triomphe de l'esprit pacifique »,
« au jour de consentement mutuel pour la
justice dans cette vieille Europe dont nous
sommes les aînés ».

L'Empire germanique n'échappera pas au
souffle de réforme qui passe sur l'Europe au
xixᵉ siècle ; les éléments de son unité agglomérés en un tout homogène, il subira, selon
la loi fatale de l'évolution sociologique, la
crise qui le fera passer de l'absolutisme à la
liberté. Encore à cette heure, l'ébranlement
produit par la commotion de 1870 se réper-
cute dans la masse, maintenant le peuple en

une sorte d'éréthisme à l'endroit des luttes
extérieures, surexcitant sa foi en la mission
providentielle de la race allemande, — chauvinisme excessif que la présence du chancelier aux affaires et l'orgueil du parti militaire fier de ses victoires contribuent à faire
durer. Toute aux affaires du dehors, la nation
s'illusionne sur les difficultés du dedans; sa
confiance en M. de Bismarck l'égare, l'em-
pêche de voir au delà de l'heure présente. Il
ne faut pourtant pas un œil bien exercé pour
s'apercevoir combien peu est solide l'édifice
échafaudé de toutes pièces par le chancelier;
le moment n'est pas éloigné où l'attention du
pays sera forcée de se reporter entièrement
sur les embarras de l'intérieur. Loin de croire
dans les années prochaines à des complications générales en Europe, il nous semble,
au contraire, à nous en tenir à la logique de
l'histoire et à l'observation des faits contem-

porains, que les États tendent à se ramasser et à se concentrer, rappelés en eux-mêmes par l'élaboration de principes nouveaux au sein de leur organisme social. La Grande-Bretagne a l'Irlande, la réforme agraire en Angleterre, tous les incidents que feront naître l'assaut déjà donné à son oligarchie aristocratique et bourgeoise. L'autocratie russe marche à grands pas vers la monarchie constitutionnelle. L'Autriche-Hongrie oscille entre le maintien de sa constitution fédérale et l'autonomie de ses nationalités. L'Espagne, l'Italie, sont tiraillées par trop d'éléments divers, rétrogrades ou progressistes, pour accorder ces éléments en vue d'une action extérieure. Le Portugal lui-même voit les républicains mettre en échec le ministère. Pas plus que les autres peuples, l'Allemagne ne pourra se soustraire à la nécessité de réorganiser ses institutions, afin de les mettre en harmonie avec les aspirations de l'esprit moderne.

S'il est un jour, propice entre tous, où la France recevra une réparation ou prendra sa revanche, c'est bien celui qui verra l'Allemagne aux prises avec l'enfantement de sa liberté, soit que la justice parle haut ce jour-là, soit, ce qui est moins théorique, que les circonstances permettent d'exiger la restitution de nos provinces françaises (1). D'ici là, à moins d'un recours direct aux armes, il n'est guère possible de déchirer le traité de Francfort ; une alliance avec la Russie ou avec l'Autriche, rêve de quelques hommes politiques, est aussi illusoire que la croyance en la générosité de M. de Bismarck.

(1) L'opinion que l'Alsace doit irrévocablement faire partie de l'unité germanique est unanime en Allemagne. Le parti de la protestation à Strasbourg n'a jamais pu s'appuyer sur les démocrates et socialistes allemands qui partagent à cet égard les sentiments de leurs concitoyens.

A tous les points de vue, il eût été préférable de ne pas se départir d'une réserve qui
était, on le voit, dans la logique de notre
situation. Une attente prudente, mesurée
dans les moyens, patiente quant au but, pla-
çait la France en excellente position vis-à-
vis de l'Allemagne, et lui faisait reprendre
peu à peu les avantages perdus par la guerre
de 1870. Il eût été habile de déclarer à nos voisins, dès la première heure, qu'on respecterait
l'œuvre accomplie de leur unité, s'en remettant
à l'avenir du soin de reconstituer la France
de la Révolution. Cela, il fallait le dire caté-
goriquement, en l'expliquant et le motivant;
de banales protestations de paix, si elles ne
sont pas raisonnées, ne prouvent rien en ces
circonstances, parce qu'elles décèlent la faiblesse, si elles ne dissimulent le désir secret
de recommencer des aventures. Il fallait
dénoncer un programme tel, que personne

en Europe ne pût se méprendre sur la nature de notre abstention, — et se maintenir scrupuleusement sur le terrain choisi. Nous ne saurions dire quelle eût été l'attitude de M. de Bismarck en cette conjoncture ; rassuré sur notre neutralité, il se serait sans doute moins mêlé de nos affaires ; et la France, délivrée d'inquiétude, certaine d'une longue période de calme, aurait travaillé dans de meilleures conditions de stabilité à la refonte de son régime social. Elle eût évité surtout, en allant en Tunisie, d'entreprendre une guerre qui est une faute immense en ce qu'elle perpétue dans le bassin méditerranéen une agitation que nous avions tout intérêt à laisser s'assoupir, afin de hâter en Europe l'avancement de l'esprit démocratique d'où sortira la délivrance de nos frères d'Alsace-Lorraine.

CHAPITRE SEPTIÈME

I

Après l'action exercée en Europe par
M. de Bismarck afin d'assurer l'intégrité de
son œuvre, la politique des États dynastiques
est dominée par la question d'Orient.

Nous avons indiqué, en parlant du congrès de Berlin, les causes déterminantes de
la conduite des souverains d'Allemagne,
d'Autriche et de Russie dans le conflit oriental, et donné les raisons que la France aurait
pu invoquer pour justifier son abstention
dans les affaires de 1878. Mais la question
d'Orient reste ouverte; des complications

peuvent en sortir à tout instant, qu'elles
naissent de la politique des monarques, ou
qu'elles résultent de la logique des évènements. Avec les traditions de notre diplomatie, la France ne manquerait pas, sans doute,
de se prêter encore une fois à toutes les
combinaisons de la politique internationale;
il faudrait savoir à quel point son intervention est nécessaire.

Si l'on appelait la question d'Orient de
son vrai nom « la question slave »; si l'on
se persuadait que la solution en est à Vienne
plus qu'à Constantinople, qu'elle est intime-
ment liée à la fortune de la monarchie des
Habsbourg bien plus qu'au sort des Sultans,
on aurait d'avance sur les probabilités des
évènements à venir des vues assez exactes
qui permettraient d'ores et déjà de préciser
et de limiter la part d'action de chaque État
européen.

Un élément nouveau vient s'ajouter à la fin de ce siècle aux éléments anciens qui jusqu'ici se sont heurtés en Europe, déplaçant le terrain des complications diplomatiques, le reportant d'Occident en Orient. Le monde slave émerge lentement de l'obscurité de sa barbarie native ; le génie slave s'ouvre à la civilisation, venant compléter peut-être par ses qualités propres le génie des peuples latin, celtique et saxon.

Il serait prématuré de définir la place que lui assignent dans le progrès de l'avenir les lois de l'évolution ; la race slave a besoin, pour jeter tout son éclat, de se dégager d'abord des liens multiples qui l'entravent, et de s'organiser dans la liberté. Plus tard seulement, on pourra apprécier la nature du rôle qu'elle est appelée à jouer.

Dans la période actuelle, le monde slave tend à constituer son individualité en recouvrant son indépendance. En Russie, une révolution intérieure lui préparera les voies. Mais dans la monarchie austro-hongroise quelle sera sa destinée?

A s'en tenir à l'histoire contemporaine, la puissance dynastique de la maison de Habsbourg est en pleine décadence. Du trône impérial austro-allemand, elle a été ramenée en ce siècle au royaume d'Autriche; de la monarchie absolue et unitaire, à un constitutionnalisme fédératif; et la tendance à la séparation va s'accentuant chaque jour chez les nations qu'elle gouverne. La Hongrie ne tient au souverain que par un acte d'adhésion personnelle de pure forme; les Tchèques, les Polonais, les Croates réclament à leur tour l'autonomie de leurs institutions locales, luttent pour l'obtenir, admettant simplement l'union directe avec l'Empereur; les Allemands, submergés par le flot montant des

revendications des Slaves, perdent peu à peu
la suprématie gouvernementale qui leur ap-
partenait jusqu'alors et se tournent vers leurs
frères d'Allemagne. Lorsqu'il ne restera à
l'Empereur d'Autriche d'autre lien avec les
nationalités de son Empire qu'une sorte de
contrat d'autorité purement honoraire, ce
lien ne tardera pas à se rompre dans un de
ces conflits qui tiraillent en tous sens le
pouvoir central de la monarchie. Il faudrait
aux souverains de Vienne, pour sauver leur
dynastie du naufrage probable, une connaissance plus exacte de la situation. Dans ce
mouvement d'émancipation du monde slave,
la famille des Habsbourg semble rester trop
allemande ; le regret de son ancienne fortune, et peut-être le secret espoir de la reconquérir un jour, lui font trop regarder du
côté de la Sprée, et pas assez du côté du Danube. Au lieu de se consacrer résolument à

la seule tâche possible pour elle, au protectorat et à l'éducation politique des peuplades slaves du Danube, elle voit de mauvaise humeur leurs essais de nationalisme;
c'est elle qui aurait dû faire la guerre aux
Turcs pour délivrer les Bulgares des Balkans; elle devrait apaiser l'inimitié des
Hongrois pour les Slaves, et concilier les
querelles du passé en créant des intérêts
communs; peu sympathique aux Serbes et
aux Roumains, s'ils ne font acte de vasse-
lage, elle va annexer la Bosnie et l'Herzégovine, ne demanderait pas mieux d'aller à
Salonique, cherchant au sud des compensa-
tions aux pertes de territoires qu'elle a faites
en Italie. M. de Bismarck pousse l'Autriche
vers l'Orient; il y a tout intérêt, mais il est
d'accord en cela avec l'esprit du mouvement
qui déplace de lui-même le centre d'action
de l'antique monarchie autrichienne. Les

Empereurs d'Autriche joueraient un bien plus grand rôle du Danube aux Balkans, s'ils prenaient carrément l'initiative d'une transformation qu'il est temps de prévoir, au lieu de paraître la subir sous la contrainte du chancelier de Berlin. En attendant, chaque jour voit s'affaiblir le pouvoir direct du souverain, jadis maître tout-puissant et absolu. Les intérêts contradictoires des sujets, les efforts qu'ils font pour s'assurer les uns contre les autres la plus grande somme d'indépendance administrative, lui imposent une neutralité qui fait de lui moins qu'un monarque constitutionnel. Vienne l'heure des discussions graves, des dissentiments sérieux, de la scission même entre les divers groupes de l'Empire, que fera le souverain? Il sera avec la légalité? Mais la légalité, dans ce conflit d'attributions égales, sera avec le droit, et le droit sera partout. L'Empereur

18.

verra se séparer de lui tous ceux dont il ne partagera pas les passions et ne défendra pas les intérêts.

A défaut d'une impulsion suprême, désintéressée et conciliatrice, les éléments ethniques en lutte dans la monarchie autrichienne paraissent trop opposés pour croire à un rapprochement durable entre eux. Peut-être faut-il ne voir dans les tendances actuelles à un particularisme si tranché que l'effervescence d'une agitation prolongée. Mais les Hongrois, les Allemands, les Polonais, les Roumains, les Italiens, les différents groupes slaves (Tchèques, Slovaques, Croates, Serbes) que distinguent de nombreux traits de caractère, ne semblent guère devoir s'accorder, même en une confédération, pour une action commune. Quoi qu'il en soit, l'avenir seul pourra nous faire connaître la nature des arrangements qui interviendront dans cette partie de l'Europe. La question posée sur les bords du Danube est trop complexe pour espérer la résoudre longtemps à l'avance.

II

Confédération d'Etats autonomes, ou indépendance totale d'États constitués à leur guise, une chose est certaine au moins, c'est que l'avènement des Slaves modifiera la monarchie autrichienne ;

La Russie de son côté sera remuée de fond en comble, on le prévoit aisément ;

L'Allemagne n'échappera pas non plus, ne serait-ce que par ses provinces polonaises, aux commotions dont l'Europe centrale pourra être le théâtre.

Ce danger commun oblige les trois dynas-

ties intéressées à se rapprocher, bien que
l'antagonisme de leurs ambitions les sépare ;
par là, il les frappe d'impuissance. Peut-être
ne voit-on pas suffisamment à quel point la
politique extérieure des trois empires se
meut dans le vide, contrainte par une force
supérieure à n'aboutir à aucun résultat.

Les Tzars voudraient bien confisquer à
leur profit le mouvement slave ; ils y gagne-
raient, tout en satisfaisant leurs visées sur
l'Orient, d'épuiser dans des guerres à l'extérieur les forces de la révolution naissante.
Mais certains de voir se liguer contre eux, à
la première tentative, la maison d'Autriche
et la maison de Prusse, ils sont forcés de
s'abstenir.

Qui peut dire les bouleversements qu'amènerait dans ce monde de l'Orient la guerre
regardée comme possible par certains politiques entre la Russie et l'Autriche ? Une dé-

chéance immédiate pour la dynastie vaincue, telle serait probablement d'un côté ou de l'autre la conséquence de la lutte. La victoire des Russes pourrait causer la séparation des nationalités de l'empire autrichien, et l'effacement de la maison de Habsbourg ; leur défaite ferait éclater chez eux la révolution encore latente.

M. de Bismarck, de son côté, le voulût-il, ne pourrait chercher à abaisser la Russie sans avoir à redouter une alliance de la France et de la Russie, et peut-être de l'Autriche qu'un revirement de la politique des Habsbourg pourrait rejeter sur l'Allemagne. Il ne paraît pas disposé, d'autre part, à laisser le gouvernement de Vienne se fortifier aux dépens de celui de Saint-Pétersbourg. Tenu à suspecter les intentions secrètes de l'Autriche, et ne pouvant tolérer le développement de la puissance moscovite, il fait tous ses efforts pour maintenir l'équilibre existant actuellement entre les trois dynasties, cet équilibre de l'alliance des trois empereurs qui a été son œuvre capitale depuis 1870. On le voit bien aux intrigues réelles et des plus actives qu'il ourdit à Constantinople ; il cherche, en rendant une sorte de vitalité au sultan, à créer un contrepoids à l'activité austro-russe, et à paralyser toute tentative qui ferait échec à sa politique et la mettrait en infériorité.

L'Allemagne n'ayant rien à gagner en Orient, mais intéressée au maintien du *statu quo ;* — la Russie prise dans le dilemme d'une révolution à l'intérieur qu'elle ne pourra éviter, ou d'une guerre aventureuse à l'extérieur qu'elle ne peut faire, et réduite à l'abstention ; — l'Autriche, incertaine sur ses destinées à venir, embarrassée par les querelles de ses nationalités, ne sachant prendre partie sur aucun point ; — toutes trois sentant le terrain populaire vaciller sous leurs pas : telle est en résumé la politique des trois États du centre de l'Europe, politique confinant à l'impuissance, forcée de tourner dans le cercle des mêmes combinaisons diplomatiques sous peine de voir tout s'ébranler à la moindre velléité d'initiative de l'un des gouvernements.

Constantinople, objectif constant de l'ambition des Tzars, mais qu'ils ne pourraient posséder sans détruire l'Empire d'Autriche, reste, en attendant, en gage aux mains des Turcs, — témoignage irrécusable de la faiblesse des compétiteurs. Il en sera ainsi tant qu'on persistera à vouloir dénouer le problème oriental au profit des dynasties et au détriment des nationalités ; tant qu'un monarque poursuivra dans la conquête des rives du Bosphore l'accroissement de sa puissance territoriale, à l'exclusion des intérêts des seuls possesseurs légitimes.

La chute de la domination ottomane en Europe replacera la question sur le terrain des faits naturels. A l'arrivée des Turcs à Constantinople, l'antique civilisation grecque se trouvait aux prises avec les peuplades bulgares descendues dans la péninsule des Balkans ; un royaume chrétien quelconque se serait constitué. La conquête musulmane a tout nivelé, et suspendu touté organisation des éléments de progrès. Durant leur séjour de plusieurs siècles, les Ottomans n'ont rien su faire de leur possession. Les Maures ont marqué leur empreinte sur l'Espagne, les Turcs n'ont créé aucune institution qui ait modifié le caractère des races soumises à leur pouvoir ; de leur passage, il ne restera rien que le souvenir abhorré d'une odieuse oppression. Au fur et à mesure du retrait de leur puissance, le mouvement de concentration des peuples reprendra donc son cours simplement interrompu, mais nullement modifié ; la Roumanie, la Serbie, la Bulgarie, indiquent sous quelle forme pourra s'achever la reconstitution de l'Europe orientale.

A quel groupe reviendra Constantinople ? Qu'on en fasse la capitale d'un État grec ou slave, elle ne sera jamais sujette d'un souverain qui y cherchera un instrument de prédominance inquiétante pour les autres. C'est là le fait capital. Les intérêts dynastiques des monarchies d'Allemagne, de Russie et d'Autriche garantissent le *statu quo ;* leur politique négative nous achemine à la seule solution possible.

III

Dans son principe, comme par ses traits généraux, la question d'Orient ou mieux, Slave, est pour les pays intéressés ce que l'équilibre européen a été pour notre monarchie. Les mêmes causes la produisent : libre possession du sol afin d'arriver au libre développement des facultés de la race ; elle aboutira aux mêmes résultats : formation d'États nationaux indépendants.

Maintenant, que les privilèges des maisons régnantes et les aspirations des peuples se contredisent et se heurtent dans des conflits, cela n'a rien d'extraordinaire et n'empêchera pas le résultat final. L'ordre se fera peu à peu dans le chaos ; les intérêts de l'avenir élimineront ceux du passé ; l'esprit démocra-

tique en grandissant amènera l'apaisement ;
ce siècle ne sera pas écoulé que l'Europe entièrement constituée verra peut-être la paix
régler les rapports des nations.

En face de cette éventualité qui n'a rien
de chimérique, que déterminent les évènements des vingt siècles précédents et que
ne dément pas l'histoire contemporaine, on
ne voit pas quelle nécessité grave pourrait
obliger la France à se mêler aux affaires des
peuples de l'Orient.

La croyance à un conflit entre la Russie et
l'Allemagne entretient, nous le savons, chez
quelques hommes politiques, l'espoir d'une
intervention qui nous rendrait l'Alsace-Lorraine, et la possibilité de l'alliance franco-
russe est envisagée sérieusement. Quelques-
uns même travaillent à établir cette alliance
sur les bases d'une entente permanente et
non éventuelle.

Peut-être va-t-on un peu loin. Au cas d'une guerre entre la Russie et l'Allemagne, que l'on examine le meilleur parti à prendre, c'est là de la politique courante ; que la France cherche à se faire rendre l'Alsace-Lorraine en échange de sa neutralité, ou qu'elle profite d'une occasion favorable pour délivrer par les armes ses frères séparés, cela résultera des circonstances du moment ; mais engager toute une politique en vue d'une simple probabilité, c'est jouer un jeu dangereux. Nouer avec un pays tel que la Russie des rapports diplomatiques pour une action commune, c'est se lancer d'abord dans toutes les complications du litige oriental et appeler contre soi les représailles de l'adversaire ; ce serait aller ensuite à l'encontre des traditions et des sentiments les plus intimes de la République, puisqu'il nous faudrait partager les préjugés et les passions de la monarchie mos-

covite, peut-être contre le droit des nationalités. Par ce que nous venons de dire de l'attitude des trois empires de l'Europe, on voit
quelle perturbation jetterait dans leur politique cette tentative de la France de se rapprocher de la Russie contre l'Allemagne.
M. de Bismark, dont les appréhensions à cet
égard sont fort vives, et qui l'a témoigné plus
d'une fois, n'hésiterait pas à couper court à
toute combinaison; le conflit naîtrait de lui-
même, immédiatement. Et si l'on réfléchit
aux conséquences de la victoire des Russes
en Orient, peut-être trouvera-t-on que la
France n'a pas avantage à vaincre l'Allemagne de concert avec la Russie. Les alliances,
il faut se le persuader, n'ont qu'une valeur
restreinte et momentanée; les coalitions des
peuples sont dues à des causes circonstan-
ciées, non à des motifs que l'on fait naître
à volonté.

19.

La situation de l'Europe est au calme; un équilibre provisoire maintient les États dans une stabilité relative; ce n'est pas à la France en république à troubler le repos du monde.

Les évènements qui pourraient se produire si l'alliance des trois empereurs venait à se rompre ne doivent pas nécessiter, en règle générale, dans la logique de leurs effets, l'intervention de la France. Que les monarchies se transforment, que des États se constituent, Hongrois d'un côté, groupes slaves de l'autre (1), la France ne sera touchée ni

(1) Dans le cadre étroit des idées générales où nous sommes tenu de nous mouvoir, nous ne pouvons examiner dans leurs détails les évolutions probables ou possibles de toutes ces petites nationalités du centre de l'Europe. La Hongrie et la Pologne à elles seules demanderaient, pour être étudiées, de longs développements. Disons pourtant en passant qu'il est difficile de croire au rétablissement du royaume de Pologne, tant que les trois grandes dynasties d'Allemagne, d'Autriche et de Russie n'auront pas épuisé leur mouvement. Les raisons qui ont amené jadis le partage de la Pologne subsistent dans leur

dans son influence politique, ni dans son commerce et son industrie. Elle peut assister, retranchée dans sa neutralité, aux derniers efforts de la formation des États européens, sans compromettre ses intérêts les plus essentiels.

Il y a Constantinople, il est vrai, et nos habitudes d'esprit sont telles qu'on n'hésite pas à considérer le moindre changement sur ce point comme la source de complications, susceptibles, cette fois, de nous atteindre directement.

Lorsque les peuples des Balkans végétaient sous le joug des Turcs, sans que rien pût faire prévoir le réveil de ces derniers temps;

intégrité. Pas plus au XIXe siècle qu'au XVIIIe, la Russie ne consentirait à être séparée de l'Europe par un État constitué. L'avenir de la Pologne semble plutôt lié aux destinées d'une Russie libérale, dans le gouvernement de laquelle les Polonais entreraient avec leur action propre, tout en administrant leur pays. Mais un royaume, ou une république, pourra-t-il jamais se former barrant aux Moscovites la vue sur l'Europe et les rejetant en Asie?

alors que la Russie paraissait formidable
dans son absolutisme avec ses millions de
sujets façonnés à l'obéissance passive ; à une
époque où les pays bordant la mer Noire
étaient réputés les greniers de l'Europe, il
pouvait y avoir de réels inconvénients à laisser les passes du Bosphore aux mains d'un
souverain, maître d'affamer les peuples à sa
guise et d'imposer sa loi, à la tête de ses
escadres, aux riverains de la Méditerranée.

Mais combien les choses ont changé depuis !
Les peuples des Balkans, relevés de leur déchéance, se pressent aux portes de Constantinople ; le « colosse russe » voit ses sujets en
proie à la rébellion ; les blés de la mer Noire
peuvent manquer, l'Europe n'en souffrira
pas ; les riverains de la Méditerranée sont
assez forts pour ne tolérer aucun maître.
Peut-on contester que l'importance de Constantinople n'a pas sensiblement diminué ?

Il y a plus. Les Moscovites régneraient-ils à Constantinople, le danger n'existerait plus pour l'Europe d'être assujettie dans la Méditerranée au despotisme d'un seul. Il en sera de même, que les Anglais prennent la place des Turcs, que ce soient des Grecs ou des Bulgares.

C'est que les intérêts purement politiques du temps jadis font place aujourd'hui aux intérêts économiques. Cette substitution universalise l'action des peuples au lieu de la maintenir dans les étroites limites d'un champ toujours le même. L'axe des compétitions politiques a longtemps passé par les pays de l'occident de l'Europe ; la civilisation, en se propageant à l'Est, l'a reporté dans les pays de l'Orient. Les nations d'Occident affranchies ont vu s'agrandir leur horizon, et s'étendre, à l'infini, dans le monde entier, la sphère de leur activité.

CHAPITRE HUITIÈME

LA FRANCE ET LA POLITIQUE ÉCONOMIQUE

I

Jadis, lorsque les communications étaient difficiles et les échanges rares, les pays de production déployaient une énergie considérable pour ouvrir des débouchés à leur industrie ; les peuples avaient en outre besoin de s'assurer directement les produits du dehors sans recourir aux offices de l'étranger ; en des temps de guerres continuelles, il était prudent de ne pas se mettre sous la dépendance d'un intermédiaire, susceptible de devenir un ennemi. Aussi, les colonies et les comptoirs commerciaux dont on se dis-

putait la possession étaient-ils des postes
fortifiés plus que des centres de libre trafic,
d'un facile accès ; chacun gardait jalouse-
ment ses conquêtes, voulant en tirer un
parti exclusif, et, contre la concurrence,
élevait les barrières d'un protectionnisme
sans limites. Tout le xviiie siècle est plein
des luttes de la France, de l'Angleterre,
de la Hollande, de l'Espagne, chacune
cherchant à affirmer contré les autres la suprématie de sa marine et à fonder le plus
riche empire colonial. L'intolérance et l'ex-
clusivisme des passions empêchaient les peuples d'arriver à la connaissance des lois économiques dont notre siècle a su faire une
application bienfaisante.

Les nations modernes avec leurs besoins
multiples et complexes ne sauraient se plier
à ce régime d'un particularisme étroit ; les
intérêts sont devenus trop puissants pour

s'arrêter aux frontières d'un pays ; ayant à leur disposition les prodigieux moyens d'action que la science leur fournit, ils ont vite fait de franchir les obstacles et d'abaisser les barrières, effaçant les jalouses préventions des susceptibilités nationales, n'ayant plus pour ainsi dire d'autre patrie que l'étendue de leur activité. Sous la pression de nécessités toujours croissantes, on ne veut plus aujourd'hui s'attarder aux produits d'une industrie insuffisante ou routinière, aux lenteurs d'un commerce restreint ; on court aux marchés les mieux approvisionnés, on utilise les transports les plus rapides ; la concurrence est telle dans cette lutte, que tout centre de commerce et d'industrie intermédiaire entre la production et la consommation disparaît comme inutile et compliqué ; tout nouveau débouché d'une valeur réelle voit aussitôt affluer les transactions. La victoire restant à qui fournit le plus vite, à moins de frais, le meilleur produit, la supériorité est acquise au pays qui trouve dans ses ressources naturelles et dans le génie de ses habitants les moyens de remplir ces conditions. De là, pour chacun, une tendance à se spécialiser, à s'attacher uniquement à ce qu'il est en état de produire. L'extrême importance qu'avait autrefois un pays s'atténue pour se reporter sur l'ensemble des contrées accessibles à la civilisation ; le mouvement économique, de national, devient universel.

A moins d'un intérêt particulier, local, la politique d'un pays n'a plus besoin de pivoter sur un point unique ; elle doit au contraire se généraliser, en tout cas savoir changer d'objectif en temps opportun.

L'Angleterre nous offre un exemple frappant du revirement qui peut se produire dans la politique d'un peuple sous l'em-

pire de ces nouvelles conditions. Rompant
avec les traditions du torysme anglais à la
suite de M. Gladstone, ce n'est plus Constantinople qu'elle surveille aujourd'hui : elle
l'abandonne aux peuples des Balkans ; c'est
l'Égypte qu'elle entend placer sous sa protection, c'est l'isthme de Suez qu'elle voudrait
peut-être posséder afin d'avoir la certitude
de n'être pas coupée un jour de ses possessions d'Asie. Tant il est vrai que c'est une
erreur de transformer la question d'Orient en
une question commerciale, de laquelle
dépend le salut des nations méditerranéennes.
Constantinople ne barre pas plus la route de
l'Inde qu'elle ne tient les clefs d'un grenier
d'abondance sans lequel l'Europe ne pourrait
vivre : l'isthme de Suez, et bientôt, des voies
ferrées menant des rivages de la Syrie à l'Euphrate et au Gange, de la Russie aux frontières de l'Empire indien, lui enlèvent tous

les avantages de sa position ; les États-Unis,
l'Algérie si l'on veut, d'autres territoires
selon les besoins, offrent à la consommation
des réserves inépuisables qui compensent
au delà les insuffisances ou le manquement
des blés de la mer Noire. Il est puéril, en
vérité, de faire du Bosphore, au climat dépri-
mant, le facteur indispensable de l'activité
de l'Europe, alors que l'Amérique, l'Australie, l'Asie, l'Afrique sont des champs d'une
exploitation facile et autrement féconde.

La politique des peuples devenant économique, il est évident que l'action à l'extérieur de chacun sera déterminée par la nature de ses intérêts.

L'Angleterre trouve dans son sol une
richesse en fer et en houille qui lui permet
de transformer une quantité indéfinie de
matières premières en produits de consommation dont elle inonde le monde entier ; sa

population, en majorité occupée aux travaux des mines, des usines, reçoit du dehors presque tous les éléments de son alimentation ; produisant beaucoup, retirant de grands profits de l'exploitation de ses colonies, elle fait des bénéfices qui excèdent ses dépenses, et amasse une fortune telle que, son industrie et son commerce venant à décliner, elle trouvera longtemps encore dans ses banques une supériorité incontestée.

La France compte, sur trente-cinq millions d'habitants, vingt millions d'individus adonnés aux travaux de l'agriculture, et seulement dix millions d'ouvriers de l'industrie. Chez elle, la balance s'établit à peu près entre les importations et les exportations ; n'ayant pas dans les mêmes conditions de bon marché et d'abondance la houille et le fer, le moteur et l'outil, elle ne peut développer une puissance industrielle comparable à celle de l'Angleterre; elle vit principalement des produits de son sol; ce qu'elle demande à l'étranger de matières premières, elle le lui rend sous forme de mille objets qui tirent un cachet particulier du génie de ses habitants. Mais ses gains ne s'accumulent pas exclusivement dans un petit nombre de mains, ainsi que cela arrive en Angleterre; si l'épargne n'atteint pas chez elle la fortune de ses voisins d'outre-Manche, elle est plus morcelée, elle apporte le bien-être et l'aisance tranquille à la grande majorité de la nation.

Ce sont là des éléments très précis de caractère national et de conditions sociales qu'il faut faire entrer en ligne de compte, si l'on veut déterminer exactement la conduite d'un peuple dans une affaire aussi importante qu'une politique extérieure. La monarchie pouvait négliger ces éléments; avec le suffrage universel il est difficile de passer outre. La République n'étant autre chose que l'affirmation des droits et des intérêts de chacun, du plus humble et du plus puissant, le jour où ces droits et ces intérêts se dégagent et commencent à parler, il est impossible d'entamer ou de poursuivre une action qui ne repose pas sur le sentiment intime de la masse.

C'est ce qui arrive en France.

Nos hommes d'État, élevés dans les anciennes doctrines gouvernementales, s'étonnent de rencontrer chez le peuple une résistance à leurs projets. Croyant être dans le vrai, mais n'osant, sinon par tempérament, au moins par convenance républicaine, brusquer l'opinion et lui imposer leurs sentiments, ils cherchent à l'amener à leurs idées, à la séduire, à faire ce qu'ils appellent « l'éducation du peuple ». Étant donnés leurs habitudes d'esprit et leur dédain pour les méthodes d'investigation, pour tout ce qui n'est pas leur inspiration personnelle, il est à craindre que leur illusion ne les emporte au delà de la réalité.

II

Les intérêts ne sont pas abstracteurs de quintessence ; pour se manifester, ils n'attendent pas qu'on vienne, en beau langage, leur démontrer leur existence. Dès qu'ils sont constitués, ils agissent. Si nos vingt millions d'agriculteurs et nos dix millions d'ouvriers ne se passionnent pas pour le Congrès de Berlin, se préoccupent peu de l'Égypte et ne témoignent guère d'admiration pour la conquête de la Tunisie, il doit y avoir à cela une raison autre qu'un manque de jugement ou une ignorance de la question. S'il ne s'établit pas en France de grands courants du dedans au dehors, la cause en est peut-être dans l'organisation de notre état social qui ne trouve pas en soi les éléments d'une énergique expansion.

Lorsqu'on parle des « intérêts français » au dehors, à Constantinople, en Syrie, en Égypte, par exemple, dans cet Orient où la France s'agite depuis tant de siècles, on a plus en vue les arrangements de la diplomatie que les besoins du commerce; ou bien, si l'on se préoccupe de ces derniers, c'est pour les mettre en balance avec ceux de l'Angleterre dont l'influence et la rivalité provoquent le dépit. La question ainsi posée échappe à la conscience du peuple, parce qu'elle s'agite dans une sphère de spéculations idéales qui ne touchent par aucun côté aux intérêts directs ou indirects du pays. La grandeur de la France en Orient, sa mission civilisatrice, sont des abstractions qui peuvent subsister tant qu'elles ne sortent pas du domaine de la diplomatie. Mais qu'on essaye, avec le suffrage universel, de leur donner une réalité plus effective, l'on verra si le peuple suivra. Est-ce à dire qu'il soit incapable de grandes actions? Que l'apathie, la crainte du danger, l'amour des jouissances, le rendent indifférent aux affaires du dehors et le condamnent à l'effacement? Non. S'il refuse de suivre ses gouvernements sur le terrain où ceux-ci sont portés à l'entraîner, c'est qu'il n'entend pas la politique comme ils la comprennent et veulent la pratiquer.

Le peuple a une conscience très nette des intérêts réels du pays. S'il voyait dans les complications extérieures le moindre danger pour son commerce et son industrie, il serait le premier à en demander la protection immédiate. Mais quoi? Il est obligé de mesurer son ambition au travail qu'il peut fournir. Les produits de l'industrie française trouvent à l'étranger un débouché constant; seraient-ils. plus considérables, les qualités qui les distinguent et en font une spécialité leur assurent un placement certain. La France peut vivre à côté des autres nations sans avoir besoin de leur disputer la place; elle peut maintenir. son trafic sans l'imposer par la force, et l'accroître sans conquérir de nouvelles contrées. Le jour où la Cochinchine aura pour nos campagnes la valeur que les Indes ont pour l'Angleterre, croit-on que nos paysans ne sauront pas, à l'exemple des commerçants de la Cité, baser sur leur possession asiatique un système de politique extérieure?

Ces conditions de l'état général du pays, le peuple les entrevoit et les apprécie. Ne percevant rien au delà qui puisse agrandir son action présente, il ne comprend pas qu'on cherche à compromettre cette action sous prétexte de la fortifier et de l'étendre.

Nous subissons trop l'entraînement des préjugés de notre diplomatie, qui, dans les pays de l'Orient principalement, subordonne à la politique les vrais intérêts du commerce. Nos consuls, jaloux de leurs prérogatives diplomatiques, mal préparés par leurs antécédents à devenir les agents d'une utile propagande économique, se confinent dans le mécanisme de combinaisons séculaires, dont quelques intrigues invariables avec les cours musulmanes font tous les frais.

La politique suivie de nos jours en Orient date de plusieurs siècles; elle remonte à l'époque des luttes de notre monarchie avec la maison d'Autriche. Alors l'alliance avec la Turquie était précieuse, la tutelle des chrétiens logique en soumettant à l'influence française une clientèle active, favorable aux habitudes d'un commerce qui répugnait à la concurrence. Sympathies pour les musulmans et protection aux chrétiens se conciliaient en une intervention habile qui a incontestablement servi les intérêts français. Mais c'était là une politique propre à être menée par une monarchie. A côté de la défense des intérêts confiés à sa garde, un pouvoir absolu est enclin de sa nature à exercer une action morale qui lui assure un prestige personnel et lui procure de la gloire ; nos rois, dans l'ardeur de leur foi religieuse et dans l'orgueil de leur puissance dynastique, prenaient sous leur tutelle les populations chrétiennes, ce qui étendait leur influence, leur permettait d'intervenir dans des affaires multiples, les faisait les arbitres de la destinée de plusieurs nations. Toutes choses qu'une démocratie aussi complexe que la nôtre n'a plus à entreprendre, rien n'en justifiant la nécessité. L'Orient du xixᵉ siècle diffère de l'Orient du passé; les chrétiens s'émancipent; la foi religieuse ne peut suffire à transporter les esprits; le commerce, loin de s'isoler, a au contraire besoin de s'aider du commerce voisin. Les efforts de ses gouvernements précédents ont contribué à assurer à la France un éclatant renom de générosité et de désintéressement; ils n'ont pas eu, pour la fortune nationale, de profits assez considérables pour déterminer dans le peuple de ces courants d'opinion auxquels rien ne résiste. Si les résultats obtenus répondaient aux sacrifices accomplis, la France ne devrait pas avoir de rivale en Orient; leurs sympathies pour le caractère de notre race n'empêchent pourtant pas les populations de la Syrie et de l'Égypte de recourir aux produits anglais dans des proportions inconnues de notre industrie.

Notre diplomatie, afin d'obtenir du peuple les moyens de poursuivre des errements traditionnels qui rapportent au talent politique gloire et honneur, se retranche habilement aujourd'hui derrière les « intérêts français ». La moindre intrigue de sérail dérange-t-elle un pacha de son apathie ordinaire, nos diplomates se mettent en campagne, s'agitent comme si notre commerce était menacé de ruine immédiate. De quelle nature sont donc ces intérêts, si fragiles et si délicats que, depuis quelque temps, la France se croit obligée d'intervenir à tous propos dans les affaires qui se traitent sur le pourtour du bassin méditerranéen?

Quelle sorte de commerce la France fait-elle avec les villes du Levant? Elle leur prend des matières premières, coton, laine, soie, peaux brutes, etc., que son industrie d'un genre tout particulier transforme en tissus ou vêtements, en ouvrages de cuir, et dont elle leur retourne une partie ; elle leur demande encore certains objets d'alimentation courante, café, sucre, céréales, huiles, qui lui font défaut, en plus ou moins grande quantité, selon les récoltes de l'année. La valeur de ces échanges implique-t-elle pour la France la nécessité d'occuper les pays producteurs ? Toute la question est là. Supposons que la France aille en Syrie ou en Égypte, soit contre les Anglais, soit avec eux contre les Turcs. Les sacrifices en hommes et en argent que coûtera nécessairement l'occupation, seront-ils compensés par les bénéfices que procurera à notre commerce la présence de nos troupes et de nos vaisseaux ? Notre industrie fabriquera-t-elle, exportera-t-elle de plus grandes quantités de marchandises ?

Parce que l'Angleterre se rencontre avec nous dans la Méditerranée, sommes-nous tenus de nous associer ou de nous opposer à sa politique, ou même de la servir, ainsi que nous le faisons en Égypte? Est-ce que les intérêts de l'Angleterre dans le monde, les charges que lui impose une nécessité qu'elle n'est pas maîtresse d'éluder, sont comparables aux intérêts que nous devons défendre, aux obligations que nous devons subir? L'Angleterre agit toujours sous la pression d'éléments réels, positifs, et non pour obéir à un idéal quelconque, ce qui est le plus souvent notre lot.

Que se passe-t-il en Égypte? L'Angleterre fait avec ce pays 280 millions de francs d'affaires par an, la France seulement 58 millions; sur une production cotonnière de 200 millions de francs, la France prend 20 millions de coton, l'Angleterre 130 mil-

lions, soit 65 p. 100 ; 75 p. 100 des navires
traversant le canal de Suez sont anglais,
6 p. 100 sont français ; dans la navigation
avec les ports égyptiens, l'Angleterre entre
pour 47 p. 100, la France pour 11 p. 100,
après l'Italie. Nous lisons dans une étude
fort intéressante (1), pleine de révélations
curieuses sur notre politique en Égypte, que
les Français sont au nombre de 16,000 sur
les bords du Nil, et les Anglais 700 ; mais
ceux-ci tiennent tous les hauts emplois, les
postes les plus importants, ceux qui donnent
la direction des affaires du pays. L'Égypte
n'ayant pas d'industrie ; l'agriculture étant
tout entière aux mains des Fellahs ; le commerce, grand et petit, presque partout acca-
paré par les Grecs, que sont donc ces *seize mille
Français ?* Sans doute, employés au canal de

(1) *L'Influence française en Égypte.* — *Nouvelle Revue,*
1ᵉʳ août 1881.

Suez, petits commerçants, artisans, fonc-
tionnaires modestes du gouvernement égyp-
tien, quelques-uns adonnés à des professions
libérales. La France a le devoir de veiller sur
eux, de les protéger, de les défendre, de les
aider largement. Mais doit-elle, tant qu'on ne
menace pas directement leur vie ou leurs
intérêts, parce que les Anglais font plus
d'affaires que nous, à la moindre intrigue de
palais ou pour un complot de soldats peu ou
pas payés, intervenir dans les affaires de
l'Égypte, envoyer ses vaisseaux de guerre,
en un mot, détourner encore une fois,
pour un avenir indéterminé, tout un courant
des forces du pays sur un point de production
secondaire pour elle? Parce que les Anglais
tiendront plus ou moins de place en Égypte,
le produit français y trouvera-t-il moins
d'acheteurs, et notre industrie moins d'ap-
provisionnements?

Les intrigues d'une nation européenne à Tunis et la mauvaise volonté du bey portaient, prétendait-on, un préjudice considérable aux intérêts de la France ; nous sommes allés en Tunisie, soi-disant pour sauvegarder les quelques millions de transactions que nous faisons avec ce pays ; résultats nets : perte des récoltes d'huile, la plus grosse source d'exportation des villes du littoral ; sacrifices d'hommes et d'argent à la charge de la France, on ne saurait dire pendant combien d'années, ni pour combien de millions. En vain, objectera-t-on que la Tunisie, riche et fertile contrée, nous rendra au centuple plus tard nos sacrifices d'un jour. Nous sommes en Algérie depuis cinquante ans ; nous y avons prodigué, on sait à quel point, notre sang et notre fortune ; la colonie prend toujours des millions à la métropole sans lui rien rapporter encore.

La situation commerciale de la France dans la Méditerranée ne peut être atteinte, ainsi que veut bien l'affirmer notre diplomatie, par l'entrée des autres peuples dans le mouvement économique. Nous ne sommes pas, comme nos voisins d'outre-Manche, une nation presque tout entière adonnée aux travaux des mines et des manufactures ; nos paysans, propriétaires du sol, ne fuient pas les campagnes, ainsi que les salariés de l'agriculture anglaise, pour gagner leur vie à l'atelier ; ils trouvent dans leurs récoltes des ressources suffisantes pour vivre dans un bien-être relatif. Nos ouvriers de l'industrie ne peuvent d'autre part développer à l'infini les produits de nos usines ; la concurrence avec l'Angleterre leur est impossible pour les objets que celle-ci, grâce à ses richesses souterraines, pourra toujours fournir à bon marché et en quantité. Obligés de

demander à l'étranger une forte proportion
de matières premières, de minerais et de
combustible, ils ne peuvent tenir leur place
sur le marché du monde qu'en se spéciali-
sant, à l'exemple, du reste, de la Grande-
Bretagne, qui s'en remet de plus en plus aux
autres du soin de la nourrir. La production
française paraît en équilibre entre les besoins
de la population et les efforts du travail ; vou-
drait-on même l'augmenter, qu'elle trouve-
rait à s'écouler. On ne voit donc pas ce
qu'une politique d'agitations pourrait rapporter de plus en ce moment à la nation.

III

Mais il n'y a pas que les échanges d'un
commerce restreint ou les produits d'une

industrie locale qui importent à un peuple,
dit-on ; il ne faut pas s'arrêter seulement aux
besoins du temps présent et ne rien préparer
en vue de la grandeur de l'avenir. Une nation
ne peut se désintéresser des progrès des
autres nations, ni se soustraire à certaines
nécessités politiques qui s'imposent malgré
tout dans la lutte pour la vie. Précisément
parce que cette lutte se reporte tout entière
sur le terrain des intérêts économiques, il
faut prendre garde à ne pas se laisser dis-
tancer, et puisque les marchés s'ouvrent de
moins en moins à une fabrication imparfaite,
il faut poursuivre avec énergie l'amélioration
de son outillage, s'assurer un peu partout la
possession des meilleurs matériaux. C'est
l'Europe qui civilise le monde ; elle pénètre
dans tous les continents, s'en empare et les
exploite à son profit. Déjà les bonnes places
sont prises ; il faut se hâter, si l'on ne veut

devenir tributaire à perpétuité des plus forts et des plus habiles. L'avenir est aux colonies.

Nous ne voulons pas rééditer ce qu'on a déjà dit sur le plus ou moins d'aptitude des Français à coloniser. Peut-être vaudrait-il mieux s'entendre sur ce que peut être pour chaque peuple la colonisation.

En principe, si l'on exprime par là la facilité à s'implanter dans une contrée nouvelle, tous les peuples sont aptes à coloniser, pourvu que le changement de climat ne soit pas excessif. Les Français et les Italiens se transplantent aussi bien que les Anglais et les Germains; ils se perpétuent comme eux, sans grandes modifications de race et d'habitudes.

Si l'on veut au contraire parler des profits qu'un peuple sait retirer de ses colonies, la question est bien différente. A cet égard, les Français sont incontestablement inférieurs aux Anglo-Saxons. Les États-Unis, l'Australie, les Indes d'une part, l'Algérie, le Sénégal, la Cochinchine de l'autre, nous dispensent de tous commentaires.

Le Français a une peine immense à quitter sa patrie ; c'est là le caractère le plus fondamental de la race. Le Celte tient au sol par des liens indéracinables ; sa venue dans les Gaules se perd dans la nuit des temps ; quelles qu'aient pu être la violence des trombes d'hommes qui se sont abattues sur son pays, les révolutions, les bouleversements, rien n'a pu l'arracher à sa terre, au coin qu'il habite. Mais qu'il consente à se transporter dans une autre contrée, il y apporte les mêmes qualités de patience robuste, de ténacité, de fixité. C'est ce qui explique comment dans la Louisiane, au Canada, il s'est maintenu et a progressé, malgré l'arrêt de l'émigration française ; le même fait se représente

en Algérie dans ce siècle ; le développement
de la population y est lent, mais il se produit
avec toutes les marques d'une durée certaine.

Les Anglais, les Allemands, n'ont pas
pour le sol national cet attachement matériel du Français ; la patrie, pour eux, est
dans l'idée plus que dans le territoire occupé
par le gros de la nation ; de là cette facilité à
partir, à courir le monde, à s'installer ailleurs,
à transporter partout avec eux des habitudes
qui leur refont une patrie. En Australie, le
climat est tempéré, les Anglais y restent
avec tout le caractère d'une occupation perpétuelle. Aux Indes, la race ne peut s'y maintenir qu'un temps, en se renouvelant à de
courtes périodes, ils exploitent simplement
le pays comme une vaste ferme. Cette capa-
cité à se mouvoir rapidement et à se plier à
toutes les exigences, jointe à tant d'autres
qualités, leur assure une supériorité incon-

testable sur les autres peuples dans la colonisation.

Demander à la France d'en faire autant, est une erreur ; l'engager dans une politique qui aurait la prétention d'aboutir aux mêmes résultats, serait une folie. Si les Français avaient, dans leur expansion au dehors, l'énergie, l'esprit de décision et d'initiative des Anglais, ce n'est pas, comme on le prétend, une administration autoritaire ou une bureaucratie inintelligente qui arrêterait leur essor. Avant d'ériger en un système *à priori* l'extension coloniale d'un pays, il faut tenir compte des aptitudes du peuple. L'élément le plus considérable de notre nation, l'habitant des campagnes, n'est pas facile à déplacer ; peut-être, malgré tous les raisonnements, ne se résignera-t-il jamais à échanger sa vie calme et assurée contre les dangers, les peines et les incertitudes du lendemain de l'émigrant ou du pionnier. Ce qu'il n'a pas voulu subir aux jours les plus terribles de son histoire, il ne le consentira pas maintenant que, maître de sa destinée, il peut en contempler l'avenir avec satisfaction. Pour que l'émigration s'alimente dans nos départements, il lui faut une réserve où puiser. L'Anglais émigre par inclination, l'Allemand par nécessité ; le Français qui ne partage pas le penchant de l'Anglais, n'en est pas réduit à épouser le sort du Germain.

La France n'émigre pas, dit-on, mais elle se dépeuple. Peut-être a-t-elle atteint le maximum de densité de sa population. Dans les contrées industrielles, en Belgique, dans la Grande-Bretagne, où les habitants vivent entassés dans des centres nombreux et plus agglomérés, la densité peut être excessive. Dans notre pays d'agriculture, et de petite agriculture, l'accroissement est forcément restreint ; il est encore limité chez nous par l'organisation de la fortune privée. Tous, employés, petits propriétaires, artisans trouvent dans leur salaire ou dans la mise en œuvre de leur bien, des moyens convenables d'existence. Ce n'est pas la richesse, c'est une sorte d'aisance en rapport avec le niveau auquel notre pays est parvenu. Un plus grand nombre d'enfants amènerait la gêne, la misère ; la misère, en faisant fléchir cette culture intellectuelle qui fait notre grandeur, nous ramènerait au régime du passé, courberait de nouveau le malheureux sous le joug du puissant, nous ferait perdre le terrain conquis. La population et les productions s'équilibrent, non au bénéfice de la vie matérielle, mais au profit de l'être moral.

Dans cette condition, le peuple n'étant pas porté à étendre son empire colonial, le pouvoir qui se hasardera à conquérir de nouvelles contrées risquera de se trouver en échec au premier vote populaire. Une action extérieure active n'ira pas sans de grosses difficultés, des expéditions lointaines, des conflits peut-être avec de puissantes nations, toutes choses que le peuple n'acceptera pas. Il a trop le sentiment que sa destinée n'est pas aujourd'hui de se répandre au dehors pour suivre une politique d'expansion. De nouvelles colonies à conquérir sont peut-être profitables à l'ambition et à l'intérêt, la France ne saurait les utiliser maintenant ; elle est incapable d'installations rapides et multiples ; de nouveaux territoires ne pourraient servir que la spéculation, tout pays neuf offrant aux capitalistes l'occasion d'user de la fortune publique sans profit pour la communauté.

La France a pour champ d'activité immédiate l'Algérie ; elle est loin d'en avoir tiré tout le parti possible. Elle pouvait en faire une colonie d'exploitation à la manière des Indes anglaises, ou une colonie de peuplement à l'exemple de l'Australie ; après quelques essais infructueux du premier système, elle paraît s'être définitivement arrêtée au second ; mais ce n'est pas en implantant en cinquante années à peine 150,000 Français sur 350,000 Européens qui résident en Algérie, et en mettant en rapport une superficie égale au plus à celle d'un de nos départements, qu'elle a épuisé sa possession. Les résultats acquis ne sont nullement méprisables, sous le climat de l'Afrique ils font plus honneur qu'on ne pense aux qualités de patiente opiniâtreté de notre race ; mais ils montrent avec quelle lenteur la France pénètre dans un pays et en utilise les ressources. Pour un siècle, même en progressant rapidement, l'Algérie peut absorber toutes

les énergies en excès dans le travail national. Pour plus tard, pour de vastes exploita-
tions futures, la France a au Sénégal, en
Cochinchine, les amorces de riches colonies ;
avec des points de refuge et de garde pour
sa marine dans tous les Océans, elle peut se
considérer comme avantageusement pour-
vue dans le présent et dans l'avenir.

L'affaire de la Tunisie a été une erreur à
ce point de vue. Protectorat, en diplomatie,
veut dire possession, nul ne s'y trompe ; les
difficultés de l'expédition ne permettent
même plus de déguiser le régime auquel le
pays sera forcément soumis. En réalité, notre
colonie algérienne s'accroît d'un vaste territoire, riche et fertile, il est vrai, mais dont la
conquête vient compliquer notre situation en
Afrique, assez difficile en général par elle-
même. D'ici longtemps le profit que nous
retirerons de la Tunisie restera probléma-

tique. La France ne pouvant fournir à la colonisation des éléments abondants, ce que nous reporterons d'efforts sur la Tunisie sera soustrait à l'Algérie, et si la spéculation s'empare du mouvement, les capitaux qui font un si grand défaut à nos départements méditerranéens iront s'épuiser dans des affaires incertaines, séduits par le mirage des gros bénéfices.

La conquête de la Tunisie a en outre le grand inconvénient de perpétuer l'agitation dans ce monde arabe, que nous dominons plus que nous ne le gouvernons, et qui nous reste aussi fermé après un contact d'un demi-siècle qu'au premier jour de notre arrivée. Si les musulmans ne sont pas susceptibles de se civiliser à notre manière, nous igno-rons de quelles énergies ils sont encore capables, et de quelle force d'impulsion peut les animer cette atteinte à leur foi religieuse qui leur est portée de tous côtés. La France, pour sa part, a plus de trois millions d'Arabes à surveiller, dont elle se méfie et doit se garder. En un moment où le mahométisme est travaillé et le fanatisme se surexcite, l'expédition de Tunisie a été pour le moins imprudente.

Du reste, notre attitude à l'égard des musulmans en général ne pèche pas par l'habileté. En Égypte, où il y a tendance à organiser l'élément national, ainsi que l'ont démontré les émeutes des régiments du Caire, nous nous subordonnons à la politique anglaise qui ne peut avoir aucune sympathie pour qui trouble ou gêne son commerce. Pour sauvegarder des intérêts financiers, pour assurer le payement des coupons d'une dette contractée par un souverain prodigue auprès de rentiers intéressés, il s'en faut de peu que nos marins ne débarquent et prêtent assistance à la domination des Anglais. Pourtant, à bien examiner la situation en Égypte, étant données la nature et la valeur de notre commerce et la position occupée par nos nationaux, nos sympathies devraient aller aux indigènes plus qu'à l'étranger. De même en Turquie ; si nous ne pouvons rien contre la fatalité du démembrement de l'Empire ottoman, nous devrions être charitables à des populations malheureuses, n'oubliant pas que les Turcs ont été nos alliés fidèles durant de longs siècles et qu'ils nous ont servis sans jamais nous causer d'embarras.

IV

La France se trouve aujourd'hui en présence de deux politiques : une politique de traditions, de sentiment pur, qui flatte notre orgueil, mais nous sert mal ; et la politique des vrais intérêts nationaux, plus modeste, mais plus féconde pour la grandeur réelle du pays.

La première repose sur l'amour-propre, sur l'idée erronée d'une supériorité incontestable, sur un soi-disant chauvinisme qui n'est au fond qu'un vieux regain de jalousie dynastique ; dans la Méditerranée, elle nous mêle à toutes les complications de la duplicité orientale, nous pose en adversaires de quiconque cherche à se faire place, risque de nous jeter dans des conflits par ses intrigues, sa tactique remuante et brouillonne.

La seconde, faisant la part de l'avènement de nouveaux peuples, tenant compte exactement de la nature et de la valeur de notre mouvement commercial, et des aptitudes de

la nation, serait moins active et moins agressive, il est vrai ; mais en rendant au pays la
libre disposition de forces éparpillées sur des
points secondaires, elle lui redonnerait, en
concentrant sa puissance, les éléments d'une
nouvelle action, mieux combinée, en rapport étroit avec ses destinées probables.

Ce ne serait pas une politique d'effacement ou d'indifférence égoïste. Une nation
reste toujours grande lorsqu'elle se maintient dans les limites de son activité naturelle, et qu'elle développe simplement le
caractère et les qualités de sa race. Le rôle
de la France dans le monde est assez considérable, tel que les lois de l'histoire et le génie de ses habitants l'ont voulu, pour qu'on
ne le dénature pas en l'exagérant ou l'inter-
prétant faussement.

La constitution sociale et économique d'un
pays n'est pas chose arbitraire, variable au

gré des caprices d'une caste ambitieuse ;
elle est déterminée par un ensemble de circonstances qu'on ne peut modifier à sa guise,
ni faire dévier à sa volonté. Aucun gouvernement n'est possible s'il ne tient compte de
la nature spéciale des éléments qui lui sont confiés. Le pouvoir doit être l'expression de la société, et non la société se modeler sur les
fantaisies du pouvoir. C'est pour cela que les
peuples, au fur et à mesure qu'ils s'élèvent
et prennent conscience de leur condition
réelle, se débarrassent de toutes les superfé-
tations qui se sont greffées au cours des
siècles sur l'organisme principal.

La France, aujourd'hui, en est précisément à ce point de l'évolution où le génie d'un
peuple se dégage des apports étrangers, pour
s'affirmer dans son unité et dans sa spécialité
Si elle se montre rebelle à une politique
d'intervention dans des questions où ses in-

térêts ne sont pas en jeu, si elle ne tient pas à exalter son orgueil dans des expéditions où la gloire est le seul profit, ce n'est pas par abaissement de caractère. C'est parce qu'elle a besoin de se ramasser, de se replier sur elle-même, de se reprendre en un mot à toutes les aventures où se gaspillent son génie et sa fortune. Elle sent en elle trop de grandes choses fermenter ; il lui faut concentrer ses forces, recueillir les éléments de son énergie future qui, pour être féconde, doit passer au creuset d'une refonte totale.

Mais réformer les institutions politiques d'un pays, même du consentement à peu près unanime de la nation, c'est heurter de nombreux intérêts, faire naître des déceptions, dérouter des convoitises, qui tous se liguent pour faire obstacle à la marche du progrès. Un puissant moyen d'enrayer le travail de la réorganisation sociale, c'est de susciter des

difficultés au dehors, de noyer les aspirations populaires dans les préoccupations de
la politique extérieure. La France en a fait
souvent l'expérience en ce siècle. Prenons
garde de ne pas recommencer l'épreuve, de
ne pas retarder, cette fois encore, l'éclosion
du mouvement, en cédant à des entraînements irréfléchis, en abandonnant la conduite des affaires étrangères à l'ambition, à
l'incapacité et aux privilèges.

On exaltera l'orgueil du pays, on effrayera
ses intérêts, on voudra forcer ses sentiments
au nom des traditions, de l'honneur, du patriotisme. La France, à moins de provoca-
tion directe de l'étranger, a le devoir de ne
pas céder aux sollicitations de la prière ou
de la menace.

L'Europe achève de se constituer; la
France n'a rien à faire dans ce mouvement
circonscrit aux seuls intéressés.

Son activité commerciale et industrielle est assurée pour longtemps, elle n'a pas à craindre l'arrêt de son développement économique.

Elle peut se refuser à toute complication au dehors pour rentrer dans les limites de son action.

« Il faut, disait Danton, il faut, avant tout, songer à la conservation de notre corps politique, et fonder la grandeur française. Que la République s'affermisse, et la France, par ses lumières et son énergie, fera attraction sur tous les peuples... Décrétons que nous ne nous mêlerons pas de ce qui se passe chez nos voisins ; mais décrétons aussi que la République vivra. »

FIN

TABLE DES MATIÈRES

Paris. — Typ. G. Chamerot, 19, rue des Saints-Pères. — 10815